U0512407

文
景

———

Horizon

同时代的北方

东北老工业基地的
历史经验与当代文化生产研究

刘岩 著

上海人民出版社

国家社会科学基金
项目资助

目　录

导论　长时段的东北与同时代的北方

范晓媛（在从北京开出的汽车上）：叔叔，咱们要上哪去？出河北了。

巴尔思：去东……东边，没出河北。

范晓媛：东北吧，别骗我了，听说过了关就到了，课本上学过。叔叔，你俩都是东北的吧？有口音。

巴尔思：套我话呢？

范晓媛：你俩要把我卖了，对不？

巴尔思：嗯，你咋知道呢？

——网络电视剧《双探》（2021）

北京地处河北省中心，可是方言调查的资料表明，北京话在语音上跟河北话明显地不同，却与东北话更接近。因此有人说，北京话是东北话在河北的方言岛。按照这个说法，该是先有东北话，后有北京话。可是又有另外一种说法：在历史上是先有北京话，后有东北话，是北京话影响了东北话。

——陆俭明：《第一届北京话学术研讨会开幕式致辞》（2019）

北燕朝鲜洌水之间谓伏鸡曰抱。

——（西汉）扬雄：《方言》

在最近和晚近时代中感知到古老的标志和印记的人，才可能是同时代人。

——阿甘本：《何谓同时代人？》[1]

---

[1] ［意］吉奥乔·阿甘本：《何谓同时代人？》，刘耀辉译，附录于《论友爱》，北京大学出版社，2017年，第74—75页。

同时代的北方

一

在长时段的历史视野中，东北不是自成一体的地理单位。

长时段历史观察的意义在于发现影响人们活动的相对稳定的结构，在布罗代尔（Fernand Braudel）看来，作为漫长时间尺度的地理状况是这种结构的代表："在几百年内，人们困守一定的气候、植物、动物和文化，以及某种缓慢形成的平衡，脱离开这种平衡，一切都会成为问题。……城市的建立，道路和贸易的通畅，文明地域的范围，都是惊人地持久和固定。"[1] 在他的长时段研究范例《地中海与菲利普二世时代的地中海世界》中，"地理时间"的历史是从两个层面被描述的，一是由海陆地貌和气候等自然条件限定的"几乎静止的历史"[2]，一是以交通和城市为代表的人们在"共同的自然条件"下"发挥聪明才智和进行辛勤劳动去创造"的"共同的人文条件"[3]。

参照上述两个层面可以发现，尽管晚近以"东北"为题的通史写作已车载斗量，但其书写对象并不具备独立呈现的

---

[1] ［法］费尔南·布罗代尔：《长时段：历史和社会科学》，见《资本主义论丛》，顾良、张慧君译，中央编译出版社，1997年，第180页。

[2] ［法］费尔南·布罗代尔：《地中海与菲利普二世时代的地中海世界》第一卷，唐家龙等译，商务印书馆，2017年，第8—9页。

[3] 同上书，第412页。

自然与人文的"地理时间"。这首先是自然地理分区问题。1954年，地理学家罗开富在中国科学院主持制订"中国自然地理区划草案"，划分出东北区、华北区、华中区、华南区、康滇区、青藏区、蒙新区等七个自然区域。其中，东北区又称"松黑区"，华北区又称"黄辽区"：由于辽河和黄河流域在土壤、植物、水文、鱼类等方面的共同性，以及"由辽东半岛经海河平原至山东半岛，合成整个渤海区域"，常识中属于东北的辽河流域和辽东半岛被划入了华北。[1]罗开富的自然区划方案影响深远，而相比于他对七个自然区的总体划分，他关于东北和华北的分区在中国自然地理学界形成了更为稳定的学术共识，如高等教育出版社2015年出版的大学地理专业教材《新编中国自然地理》，仍将辽东半岛、辽河平原以及辽西丘陵划入华北[2]。对于以地理为前提的东北文化研究而言，自然地理分区的启示意义并不在于重新确定区域边界，而在于认识东北与华北乃至更辽阔的北方之间难以分割的联系。

与罗开富将辽河流域划入华北自然区形成对照，考古学家苏秉琦将京津地区划入了古文化辽西区。在对中国文明起源的

---

[1] 罗开富：《中国自然地理的分区问题》，《科学通报》1954年第5期；《中国自然地理分区草案》，《地理学报》1954年第4期。

[2] 赵济主编：《新编中国自然地理》，高等教育出版社，2015年，第286页。

探讨中，苏秉琦在全国划分出六大考古学意义上的文化区系，辽西区是其中一大区系——"以燕山南北长城地带为重心的北方"——的中心区，包括"辽宁朝阳、内蒙古昭乌达盟（今赤峰市）、京津和河北张家口地区共四块"[1]。苏秉琦认为，燕山南北长城地带是"连接中国中原与欧亚大陆北部广大草原地区的中间环节"，"中国统一多民族国家形成的一连串问题，似乎最集中地反映在这里，不仅秦以前如此，就是以后，从南北朝到辽、金、元、明、清，许多'重头戏'都是在这个舞台上演出的"[2]。这一对长城地带的定位，十分近似拉铁摩尔（Owen Lattimore）的"中国的亚洲内陆边疆"命题，即以中原农耕文明和内亚游牧文明在长城边疆的互动解释长时段的中国历史。拉铁摩尔的命题包含着需要逐层辨析的内在矛盾。他在长时段的动态叙事中，将历史中国的北方边疆（东北、蒙古、新疆等）表述为农耕和游牧的"过渡地带"[3]；在区域划分中，却

---

[1] 苏秉琦：《中国文明起源新探》，生活·读书·新知三联书店，2019年，第35页。

[2] 同上书，第44页。

[3] 值得注意的是，拉铁摩尔将作为"过渡地带"的北方边疆命名为"长城边疆"，既以中原王朝修建的长城为象征标志，也参照了吸收农耕文明的少数民族王朝修建的长城和类长城建筑，其中被认为最重要的是金朝岭北长城，东北起于大兴安岭西北麓，西南至成吉思汗生长的斡难河上游地区，正是在这个参照系里，拉铁摩尔重新界定了成吉思汗这位传统观念中的游牧领袖的地理身份："成吉思汗不是大草原的人，而是草原边缘的人。"（［美］拉铁摩尔：《中国的亚洲内陆边疆》，唐晓峰译，江苏人民出版社，2005年，第348—349页）

僵硬地将边疆地区与内地农业社会判然两分；而其具体的边疆历史地理叙述又往往突破了这种僵硬区划。后一点在其对古代"东北农业地带"（主要位于东北南部的辽河流域）的叙述中体现得最为明显："东北南部的气候和黄河流域没有区别，作物和农业条件也都一样，环境有利于精耕、储粮和低价的水运"，"土地、社会和政治组织"也因而都与后者"相同"。[1] 这显然打破了自然与人文地理叙述中有关边疆与中原的二元对立想象。而和拉铁摩尔相比，苏秉琦的"以燕山南北长城地带为重心的北方"论述，更为明晰地凸显了华北北部——尤其是北京——和东北边疆互为内在构成的区域有机性。

在北京城市史研究的奠基性著作《北平历史地理》中，侯仁之将北京作为城市的最初兴起（即先秦燕都蓟的兴起）直接与中原通向东北的道路联系起来，随着这些道路的发展，"蓟城就不再是古代大道的一个终点，而成为中原地区与边疆地区之间的交通枢纽。因为这样的地理优势，蓟城成为一个兴起的边疆封国的政治中心，也就不足为奇了"[2]。以北京

---

[1] 拉铁摩尔：《中国的亚洲内陆边疆》，第 71 页。

[2] 侯仁之：《北平历史地理》，邓辉等译，外语教学与研究出版社，2014 年，第 34 页。

为枢纽，从中原通向东北的道路主要有三条：经喜峰口（古称"卢龙塞"）出燕山到达大凌河谷的卢龙道；经古北口出燕山到达老哈河、西拉木伦河流域的古北道；经渤海沿岸走廊直抵辽河平原的傍海道。侯仁之在《北平历史地理》中着重论述的是傍海道，明朝初年在这条道路上修建的山海关成为现代最广为人知的东北与华北的界标。而根据辛德勇的研究，和蓟城的兴起直接相关的道路是卢龙道，"这是因为古北道和傍海道当时还都很不发达，特别是傍海道，直至唐代，还很难通行。辽金时期以后，随着沿海地区的全面开发，这条道路才变得比较通畅，成为中原地区经今北京城去往东北地区最重要的道路"[1]。

交通地理和区域经济地理相互塑造，傍海道取代卢龙道、古北道的交通地位的过程，也是东北长城地带的经济重心由辽西转向辽东（医巫闾山以东），以及辽东漕运兴起的过程。正是在这个过程中，东北第一次成为面向南方的农业基地。金章宗明昌年间，海运辽东粟米救济荒歉之年的河北、山东，被设计为一种漕粮制度（在此前的金世宗大定年间，辽东之粟已实际救济过山东）；而早在金初，"定期由辽东向南京

---

[1] 辛德勇：《古代交通与地理文献研究》，商务印书馆，2018年，第320页。

一带输粮已成定制"[1]。在元代，辽阳行省是大都的漕粮供应地之一，元朝后期从东北地区籴粮的数额"已远远超过了金朝"[2]。由元至清，全国最重要的粮食主产区和经济重心在江南，而东北在清朝成了参与再生产江南粮食基地的肥料基地。清代江南农业由于豆饼的普遍使用发生了"肥料革命"，与之相伴随的是因豆饼供需矛盾而产生的"肥料危机"，东北在农业开发中大规模种植大豆，并通过海运向南方大量输出，"基本上解决了江南的肥料危机，因而对江南农业经济的影响极为重大"。[3]区域经济史学者注意到，清代东北向南方输出农产品，和关内农民"闯关东"一样，是在清政府封禁"龙兴之地"的背景下进行的，由此可以发现，封禁政策并没有被一贯有效地执行，封禁与开放（发）的矛盾反映了清朝统治者的资源分配策略在"'满洲中心'主义与其'中国共主'地

[1] 韩茂莉：《辽金农业地理》，社会科学文献出版社，1999年，第182页。金太祖天辅七年至太宗天会四年设南京于平州，即今河北省卢龙县，位于古榆关和今山海关西侧。关于金朝以辽东之粟救济山东的最早时间，存在不同读解，《金史·循吏传》载户部郎中武都"被诏由海道漕辽东粟赈山东"，但没有记载确切时间，韩茂莉认为是金世宗大定年间，而吴宏岐认为是金章宗明昌三年之后（吴宏岐：《元代农业地理》，西安地图出版社，1997年，第174页）。

[2] 吴宏岐：《元代农业地理》，第40页。

[3] 李伯重：《明清江南农业中的肥料问题》，见《千里史学文存》，杭州出版社，2004年，第173—264页。

位之间"摇摆。[1] 清朝作为"中国共主"对东北农业生产资源的借重，事实上延续着金、元等入主中原的少数民族王朝的策略，用布罗代尔区分时段层级的术语来说，这种延续的资源分配策略是地理时间的结构史，而清朝的封禁只是社会时间的集团史。

同样作为结构的历史，从金、元至清朝，东北农业基地的地理范围一直主要集中在辽河流域。尽管东北北部具有极其广阔的适于农垦的土地，并曾出现过农业族群的政权（如公元 7 世纪末到 10 世纪前期的渤海国），但在近代之前，嫩江、松花江、乌苏里江、黑龙江流域始终没有像辽河流域一样得到整体性的农业开发，而长期以草原游牧和森林渔猎为主要经济—文化形态。一个主要原因在于，嫩江、松花江、乌苏里江等东北北部河流都是黑龙江水系的组成部分，与南部的辽河水系没有交集，无法自然连接辽河—渤海—黄海这一向南延伸的水运系统。[2] 东北被整体开发为农业基地，是以工业现代性背景下的媒介地理更新——铁

---

[1] 王大任：《压力与共生：动变中的生态系统与近代东北农民经济》，中国社会科学出版社，2014 年，第 80—84 页。

[2] 拉铁摩尔特别谈到河流流向对东北北部在古代无法向南融入农业社会的影响：松花江、乌苏里江等都是向北流，嫩江虽然向南流，却汇入向北流的松花江。（拉铁摩尔：《中国的亚洲内陆边疆》，第 72 页）

路系统替代水运系统——为前提的。从 19 世纪末到 20 世纪前期，中国东北边疆出现了外国资本和本土资本竞相修建铁路的热潮，建构起当时中国最为密集的铁路线网，由此整合自然和人文生态，形成作为"新的统一体"的现代东北。[1] 这个"新的统一体"，既是区域社群（包括今辽宁、吉林、黑龙江和内蒙古东部的整个东北地区），也是产业社群（以自关内移入的农业人口为主体的东北农业社会），跨越省籍的"东北人"乡土认同，亦即跨省互认"老乡"的模式，在这一特定背景下形成："老乡"是产生于农业社会的身份认同，而整体性的东北农业社会是工业化时代的产物。

20 世纪初的工业化交通媒介塑造了作为区域整体的东北，也重塑了区域经济的流动体系，具体而言，"东北农产品流通突破了水系的限制，变成一种依托铁路向输出港进行流通的新体系。其输出方向有三个：一是沿着日本控制的中东路南段（改称南满铁路）南向从大连输出。二是沿着俄国控

---

[1] 拉铁摩尔：《中国的亚洲内陆边疆》，第 70—71 页。毋庸赘言，这里所说的现代东北，形成于晚清割地失土之后，其北缘黑龙江和东缘乌苏里江是在晚清政府与沙皇俄国签订的不平等条约（1858 年《瑷珲条约》和 1860 年《北京条约》）中划为中俄界河的。而 1689 年《尼布楚条约》划定的中俄边界——中国历史上第一条近代意义的主权边界的东段为外兴安岭。

制的中东路东段向海参崴流通。三是沿着俄国控制的中东路西段向西输往俄国的远东地区"[1]。但同样值得注意的是，在铁路取代水运系统之前，东北农产品的输出去向已经发生改变。1861年，英国在营口辽河入海口开埠，随后不久迫使清政府解除针对洋商的大豆及豆饼禁令，洋商船舶适于远航贸易，不适于在传统豆货交易港口的浅水水域航行，于是"依靠其强大的资本，利用当地的沙船收购豆饼"，同时由于收购价格上涨，"缺少资本的沙船业者被从交易中排挤了出去"，东北豆货的主要输出地由此从江南转向距离更远的福建、广东，这成为导致江南商业性农业衰落的原因之一。[2] 在殖民主义情境中，商品流动路线不单纯取决于供需关系和交通条件，而是和后者一起从属于列强资本的空间生产。与此同时，本土力量营建的新交通媒介系统往往以旧媒介时代的传统道路为基础。清末借款官办（清政府向英国借款）的京奉铁路、民国奉系官办的奉海—吉海铁路，都是沿着既有的古道修建的，前者依托于著名的傍海道，后者承续了金代东

---

[1]　王大任：《压力与共生：动变中的生态系统与近代东北农民经济》，第89—90页。

[2]　［日］足立启二：《豆饼流通与清代的商业性农业》，阮航译，见刘俊文主编《日本中青年学者论中国史（宋元明清卷）》，上海古籍出版社，1995年，第471—472页。

京通往上京的道路的中南段[1]。20世纪20年代中期至30年代初，奉系掌控的京奉—奉海—吉海铁路（北京经沈阳至吉林）和日本掌控的南满铁路（大连经沈阳至长春）的竞争，是东亚地缘政治经济斗争的焦点之一，同时展现着中国东北边疆的地理时间在卷入现代资本主义世界体系后的延续和重构。

这种延续和重构是以社会主义为蓝图的中国革命需要面对和借重的条件。李零曾在长时段历史视野下论述中国革命的地理学："八路军从四川进陕甘宁，从陕甘宁进山西，以山西为中心，向河北、察哈尔、山东、河南、东北扩军，这是古代王者取天下的路线图。周取天下、秦取天下、汉取天下，莫不如此。"[2] 不过，和周、秦、汉取天下的上古路线图不同的是，中国共产党最早整体解放的区域是东北地区。从地理时间的结构史角度看，东北野战军攻克辽西走廊门户锦州，取得辽沈战役的决定性胜利，随后入关发起平津战役，再次展现了傍海道自

---

[1] 关于金东京到上京的道路，参见王绵厚、李健才：《东北古代交通》，沈阳出版社，1990年，第221—222页。

[2] 李零：《革命笔记——从中国地理看中国革命》，见《我们的中国》（第四编），生活·读书·新知三联书店，2016年，第234页。

辽金之际以来在历史中的持久角色[1]；另一方面，工农业资源优势使东北的解放成为全国解放战争胜利的地理基础，其中，工业地理显现为结构史重构的全新关键元素。

东北的重工业尤其是装备制造业，奠基于民国奉系军阀时期，奉系政治经济中心沈阳也是其装备制造业中心，奉天古城东关外建有时称"东方第一"的东三省兵工厂。日本侵占东北后，侵吞了奉系的资本和产业，包括沈阳东边和北边的重要工厂，随后在城市西边——南满铁路西侧打造了铁西工业区。沈阳是东北南部多条铁路的交会点，它与这些铁路沿线的抚顺、本溪、鞍山、大连等组成的城市群，在20世纪上半叶成为欧亚大陆东缘最重要的重工业地带。1945年伪满洲国覆灭后，消灭日本势力的苏联红军曾将东北工业的大量机器设备拆运至苏联。新中国成立后，苏联开始对华工业援助，并随着朝鲜战争爆发和中国人民志愿军抗美援朝而加大援助力度，援助项目累加至50年代中期形成著名的"156重点工程"，其中超过三分之一的项目布局在东北（共57项：

---

[1] 《金史·阇母传》："张觉据平州叛，入于宋，阇母自锦州往讨之。觉将以兵胁迁、来、润、隰四州之民，阇母至润州，击走张觉军，逐北至榆关，遣俘持书招之。复败觉兵于营州东北，欲乘胜进取南京。"在金灭北宋战争的前奏——辽降将张觉以金南京留守投宋引发的战事中，锦州作为傍海道要冲的意义第一次凸显。

辽宁 24 项，吉林 11 项，黑龙江 22 项）。在抗美援朝和第一个五年计划时期，东北完成了工业布局的调整——重工业区从辽宁扩展至吉林和黑龙江，东北由此整体成为新中国的工业基地和社会主义现代性前沿。

二

东北作为工业基地和社会主义现代性前沿的意义，不在于自身的发展成就，而在于为新中国建设独立完整的工业体系和国民经济体系所做的突出贡献，以及在全国各地区的工业化和均衡发展中所扮演的关键角色——大规模输送工业技术、设备、人员，乃至整体搬迁大厂。关于后者，有论者曾做过反向的假设：

> ……假如中国的工业区仅集中在东北，地区发展不平衡就容易导致这样的结果——东北工业区通过剪刀差剥削其他省份农业区，将东北人民衣食无忧的幸福生活建立在其他地区人民普遍贫困的基础上。二战结束以后，发达国家普遍通过垄断高端工业品制造超额利润来剥削

发展中国家，不就是这样的格局吗？……[1]

　　这个区域分化的假设以一个关于城乡分化的现实论题作为前提，即参照国际分工的不平等逻辑，将国内的工农业剪刀差和城乡二元结构看作发展中国家别无选择的工业化积累手段。"三农"学者温铁军在世界现代化比较史视野中讨论新中国的工业化积累，认为对内转嫁成本和对外负债是第二次世界大战后发展中国家进行工业化的普遍路径，而"中国经验的特殊性在于外资和外援中辍后国内的工业化进程没有中断"，在五六十年代之交中苏交恶的背景下，通过让农村、农业和农民承载更大的工业化成本，中国"历史性地实现了'去依附'——打破了第三世界国家中普遍存在的对宗主国 / 投资国的经济和政治依附"[2]。温铁军将其"成本转嫁论"与萨米尔·阿明（Samir Amin）的依附理论、沃勒斯坦（Immanuel Wallerstein）的世界体系理论联系了起来，似乎第三世界的民族国家获得了独立自主的发展，就是实现了阿明等人念兹在

---

[1]　徐实、秦博：《懒汉的锅，东北父老不背》，https://www.guancha.cn/xushi/2016_11_12_380320.shtml。

[2]　温铁军等：《八次危机：中国的真实经验（1949—2009）》，东方出版社，2013 年，第 15 页。

兹的"去依附"。而值得进一步探讨的是这两种理路的深刻差异。"成本转嫁论"假定，发展中国家的工业化必然复制发达资本主义国家当初的资本原始积累逻辑，与此同时，"一般发展中国家资本原始积累的代价，都不可能像殖民主义宗主国那样向外转嫁，而只能依靠一定制度条件对内转嫁，此乃规律"[1]。但在依附理论和世界体系理论中，资本主义世界体系的核心国家对边缘国家的剥夺并非源于国家工业化的所谓"客观规律"，相反，以剥夺性积累为前提的国家工业化是世界体系的逻辑产物。因而，发展中国家真正从资本主义世界体系中"去依附"，不仅是实现国家的独立自主发展，而且是与世界体系制造不平衡发展的资本积累逻辑决裂。如阿明所指出，与依附外部的欠发达经济相对立的"自主"式"内向"的新经济"将形成一个有机的整体，其各个部分是相互支持的"，即"在农业发展、轻工业和消费工业及基础工业（能源、冶金和机械、化学）之间，逐步实现不同类型的平衡"[2]。参照阿明的"去依附"命题，更容易理解东北在社会主义新中国的另类现代化实践中扮演的关键角色。

---

[1] 温铁军等：《八次危机：中国的真实经验（1949—2009）》，第 15 页。

[2] ［埃及］萨米尔·阿明：《世界规模的积累：欠发达理论批判》，杨明柱等译，李宝源、杨光校，社会科学文献出版社，2008 年，第 23 页。

20 世纪 50—70 年代的中国工业化是一个复杂的历史过程，无法用单一的决定论逻辑描述和解释。一方面，中国农民为工业化积累付出的牺牲无论如何不应被忽视；另一方面，如果着眼于东北——另类现代化的前沿，那么，非但前面引述的区域间产业剪刀差假设——将城乡间的工农业剪刀差挪用到区域关系中——无法成立，一般将工农业差别等同于城乡差别的论述模式也很难完全适用。东北既是工业经济的中心，也是农业垦拓的边疆，同时作为新中国的工业基地和商品粮基地（净调出区）发挥作用。[1] 正是在这种双重角色的扮演中，东北在中国社会主义发展史上最早展现出克服城乡二元对立的另类现代化的可能性：从五六十年代之交开始，超越城乡对立的工业空间和农业空间建设同时在东北大规模展开，一方面是大油田——从大庆油田到辽河油田，一方面是大农垦——从"北大荒"到"南大荒"；一方面是非城市化的工业，一方面是非乡村化的农业。

　　关于前一个方面，侯丽在大庆空间研究中做了系统论述："大庆整个矿区居民点的选址、规模设定、服务半径和总规划

---

[1]　20 世纪 50—70 年代，东北三省中的黑龙江和吉林为商品粮调出区，辽宁为调入区，东北总体为净调出区。据统计，1953—1979 年，东北平均每年净调出商品粮 3 亿斤左右，最高一年（1959 年）净调出量为 37.8 亿斤。（张钧：《关于东北地区粮食和经济作物的发展预测》，《预测》1986 年第 5 期）

与农村人民公社的规划模式非常接近，所不同的是它同时支持了工业生产……居民点或称之为'工农村'都是真正意义上的'工农商学兵合一'——石油工人采油、家属种地养猪练兵经商。……这种自给自足、工农商学兵合一的社区单元依照靠近石油生产的原则分散在整个矿区，没有中心城，没有等级划分，没有户型差别，成为体现绝对平等的共产主义社会理想的理想空间。"[1]侯丽指出，除了共产主义理想，大庆的规划和建设是在"三年困难时期"（1959—1961 年）物质供给极度匮乏的背景下进行的，从 1964 年起，克服城乡对立的大庆模式在包括三线建设在内的全国范围的新工业区建设中获得了推广，这使工业化成本降到了最低。因而，"1960 年代以后，中国虽然持续推进重工业化政策，但是没有再重蹈苏联周期性全国大饥荒的覆辙，除了'文革'爆发初期（尤其是 1967—1968 年）的动荡，中国经济基本保持了稳定强劲的增长，最终实现了工业化和现代化的起步，跨越了发展瓶颈。"[2]

---

[1] 侯丽：《理想社会与理想空间——探寻近代中国空想社会主义思想中的空间概念》，《城市规划学刊》2010 年第 4 期。

[2] 侯丽：《对计划经济体制下中国城镇化的历史新解读》，《城市规划学刊》2010 年第 2 期。

在大庆最大程度降低工业化成本的同时，同在黑龙江的"北大荒"开始成为"北大仓"，即"进入大规模开发、大量兴建国营农场的时期"：1957—1966年，垦区耕地面积增长了两倍，粮豆年产量达到23亿斤，其中一半上交国家商品粮，"各农场在发展粮豆生产的同时，发展了林、牧、副、渔业和工业等多种经营，工农业年总产值10年间增长了6倍"[1]。1968—1976年，黑龙江垦区在原有30多万职工（以转业军人为主力）的基础上接收了50多万城市知青，与此同时，主要垦区一度由农垦系统单位改为生产建设兵团建制。尽管这一时期的农业生产效率颇受訾议，但垦荒面积的大幅增长同样是不争的事实。[2]特别值得注意的是，无论作为国营农场工人，还是作为生产建设兵团战士，垦区的生产主体始终不是城乡二元体制意义上的农民，而是全新地理—生产关系当中的农业劳动者。另一方面，这种地理—生产又延续着长时段的结构史，这在知青文学代表作梁晓声《这是一片神奇的土地》的开篇处可

---

[1] 刘培植编著：《国营农场四十年》，中国农业科技出版社，1989年，第38页。

[2] 据统计，1967—1976年，黑龙江垦区粮食作物播种面积从1490万亩增长至2128万亩，粮食年总产量由34.5亿斤增长至45.9亿斤，其中，1968—1973年，粮食年总产量在20.8亿斤至32.1亿斤之间浮动，低于1967年的水平。（王洪波、李鑫：《黑龙江垦区粮食综合生产能力与全省全国对比一览表（1949—2009年）》，《农场经济管理》2010年第8期）

见一斑：

> 那是一片死寂的无边的大泽，积年累月覆盖着枯枝、败叶、有毒的藻类。暗褐色的凝滞的水面，呈现着虚伪的平静。水面下淤泥的深渊，沤烂了熊的骨骸、猎人的枪、垦荒队的拖拉机……它在百里之内散发着死亡的气息。人们叫它"鬼沼"。[1]

小说在书写知青垦荒的故事之前，首先呈现的是"鬼沼"中沉积的遗物。而东北漫长的平原农垦史正是不断变沼泽为良田的过程。韩茂莉在《辽金农业地理》中指出，由于"河沼沮洳"，"辽代几乎没有在辽河平原上建置任何州县，这时辽西、辽东的农业开发与州县建置基本都在山麓地带"。[2] 20 世纪六七十年代，"北大荒"的开发如火如荼之际，辽河平原沼泽地带的垦荒仍在继续，这就是被称作"南大荒"的辽宁盘锦地区的农垦。盘锦垦区从 1963 年开始接收以沈阳、鞍山等辽宁工业城市为主要来源地的知青，至 1979 年共接收 14 万人，

---

[1] 梁晓声：《这是一片神奇的土地》，见《今夜有暴风雪》，中国青年出版社，2016 年，第 1 页。

[2] 韩茂莉：《辽金农业地理》，第 85—86 页。

占农业劳动力人口的 40%，这期间，"粮食年总产量由 23 452
万斤增加到 97 747 万斤"，知青因此被看作"盘锦垦荒种稻和
农田建设的主力军"[1]。开发"南大荒"的知青主要来自城市工
人家庭，他们在父辈进行工业生产的同时，建设了辽宁最重
要的稻米产区。同样值得关注的是，在知青到来之前，盘锦
国营农场实行固定工制度，"固定工是国家职工，待遇和全民
所有制企业职工相同"，1965 年，固定工制度取消，1979 年
又重新恢复。[2]1984 年，盘锦正式建市。从这个角度来看，在
盘锦下乡的工业城市知青与当地同代人在城乡经验的转换上
是基本一致的。这成为后来沈阳工人子弟作家班宇的重要作
品《盘锦豹子》的基本背景：

> ⋯⋯我爸说，这可见功夫，手挺巧，你懂电路啊。孙
> 旭庭说，也是后学的，不是本职专业，我就爱琢磨。我
> 爸说，我插队时去过你们盘锦，洋柿子好吃。孙旭庭
> 说，行，哥，再回家我给你带洋柿子过来，不过也不知

---

[1] 张铭：《知青在盘锦史情概述》，见盘锦市政协学习和文史委员会编《盘
    锦文史资料·第二十一辑：知青在盘锦》，辽宁人民出版社，2017 年，第
    12—21 页。
[2] 盘锦市人民政府地方志办公室编：《盘锦市简志》，方志出版社，2005 年，
    第 304 页。

道啥时候能回去。我爸说，怎么的呢。孙旭庭说，厂里不放人，春节估计是回不去，生产任务重，得给小学生印教材，过完年这不就要开学了么。我爸说，那是不能耽误，教育问题必须得重视，而且教育要面向现代化，面向世界，面向未来。孙旭庭说，哥，你对社会理解挺深啊。[1]

盘锦青年孙旭庭在沈阳的工厂工作，娶了铁西区一个工人家庭的女儿，结婚前——1992 年春节前夕（以赵本山的春节晚会小品作为时间标志）——去给未来丈母娘家的电视安装自制天线，和他的准大舅哥，一位曾在盘锦下乡的知青把酒言欢，一切自然惬意，无论城市、工厂，还是新的大家庭，全无融入的障碍，因为他和这里的同代人分享着共同的生产和生活经验，而没有地域或城乡差别的阻隔。小说中造成孙旭庭命运转折的因素是时间性而非空间性的：20 世纪 90 年代到 21 世纪初，"盘锦豹子"作为沈阳工人的一员，在这座工业城市整体变迁的背景下经历了家庭和人生的变故。更具体地说，最终离开工厂的孙旭庭没有离

[1] 班宇：《盘锦豹子》，见《冬泳》，上海三联书店，2018 年，第 7 页。

开沈阳，而是和这座城市一起成了妻子逃离的对象，她为了寻找自己命运里的"第四张幺鸡"，抛别家庭和家乡，一度南下：

> ……专职从事打麻将，从大连打到广州，坚持穿着貂打，后来从广州又打到成都，再从成都又打到首都北京，筹码越来越大，对手也越来越狡诈，现在又回到自己的家乡，不知道是不是还要继续打下去。[1]

尽管孙旭庭的前妻没能改换命运——而是让困扰返回了自己逃离的家庭——却以寻找"第四张幺鸡"的轨迹，勾勒出了 90 年代之后东北人"到南方去"的基本路线图："南方"不是确切的地点，而是市场化语境中发达和机会的指向——哪里似乎能赚更多的钱，哪里就是"南方"。比如世纪之交的大连曾经比成都更像"南方"，21 世纪的第一个十年之后，由于经济地位的此消彼长，二者的"南方"资质也发生了颠倒。换言之，"南方"成了一种价值向度。

---

[1] 班宇：《盘锦豹子》，见《冬泳》，第 40 页。

三

20 世纪 90 年代之后让越来越多东北老工业区居民趋之若鹜的"南方",在广东诗人许立志 2011 年创作的《开往南方的火车》中,成为从新工人角度思考的主题:

置身于城市与农村之间

我体内的血,混同时光的傀儡

山间哀怨的鹧鸪成群飞过

石头,荒野,它们持有历史的沉默

火车与铁轨保持黑色的距离

从北方的冰窟开往南方的工厂

哐当声里,我听见体内的骨头

铁锈一样生长

在山的那边,我看见理想挂满

秋天的枝桠,它在风中摇摆

似一个风烛残年的老人

秋风中,一个外乡人的咳嗽纷纷扬扬

启明星因此点亮

疼痛的光在珠江三角洲弥漫

广州，深圳，东莞，佛山……[1]

　　许立志是广东揭阳的农家子弟，曾在广州、深圳等城市打工。只要了解他的广东人身份，或许就不能不惊异于这首诗书写"南方"的异乡人视点：诗人在诗中仿佛是一个乘坐"开往南方的火车"的北方人。这位南方诗人何以对于"南方"会有异乡感？探究作为南方人异乡的"南方"，应该是读解这首诗的关键。诗中的"南方"首先是一个地理范畴，但并不是一般中国地理意义上的南方——秦岭—淮河以南或长江以南，而是特指珠江三角洲城市群，由此来看，大多数中国南方人都是这个"南方"的"外乡人"。从江西到广东东莞打工的诗人池沫树曾写过一首《南方的困惑》，对于一个江西人来说，广东当然是更南的"南方"。但许立志让读者看到，即使是在广东内部，珠三角城市之外的地区也是外在于这个"南方"的。结合前述东北人"到南方去"的路线图来说，这个"南方"不仅不包括江西这样的南方内陆省份，也不包括揭阳农村这样的广东内部的边缘地区，而是明确指涉珠江三角洲代表的经济发达地带（另一个代表是长江三角洲），"外

[1]　许立志:《开往南方的火车》，见秦晓宇编选《新的一天》，作家出版社，2015 年，第 35 页。

乡人"是相对于发达的表征——喻指"现代化"（市场化的时间性神话）的城市之光而言的。

与"南方"的地理所指——珠江三角洲城市群——同时出现的是"启明星"和"疼痛的光"。启明星出现在黑夜和清晨交替之际，意味着光明的开始——新的时间开始了。这恰好是珠江三角洲在市场化时代具有的象征意义。《旧约·创世记》开篇："上帝说：'要有光。'于是就有了光。"从"南方"点亮的光，从"南方"开始的时间，意味着"现代化"的创世神话。然而，"光"又是"疼痛"的，点亮"启明星"的是"外乡人的咳嗽"，宛若一种异化的声控装置[1]，"南方"／"现代化"的创世神话由此反讽地显现出创世的原理，亦即发生机制的病理："外乡人"——异化劳动者的肉体疼痛和内在损耗创造了光，创造了奇迹。这种异化的喻指在许立志生前非正式发表的版本中有着更直白的表达，这一版本的《开往南方的火车》和诗人身后正式出版的诗集（秦晓宇编选）中的同一首诗相比，结尾多出了两行：

　　　　亿万打工者驮着生活的火车

---

[1]　"声控装置"是"水云间"（http://www.ishuiyunjian.com）网友清和在回复笔者读解《开往南方的火车》的主题帖时发表的慧见，特此致谢。

修建通往新世纪的康庄大道[1]

"通往新世纪"将"南方"的时间性意指（"现代化"的前沿）明确化了，而异化劳动这种"南方"发生机制的病理，也直接指向将亿万人变成"打工者"的 90 年代或世纪之交。由此来看，诗中的"置身于城市与农村之间""火车与铁轨保持黑色的距离""哐当声里，我听见体内的骨头 / 铁锈一样生长"，都是以"打工者"的流动经验来构造异化或疏离的意象，空间性的异化意象同时显现出对时间和历史的体验："我体内的血，混同时光的傀儡 / 山间哀怨的鹧鸪成群飞过 / 石头，荒野，它们持有历史的沉默"。异化劳动者自我体验为失去主体性的"傀儡"，他们和塑造自己生活环境的历史的关系，就像"哀怨的鹧鸪"和"石头""荒野"的关系，血肉之躯的感受和情绪在"历史的沉默"中得不到任何回应。历史仿佛凝固为一条单行线——"从北方的冰窟开往南方的工厂"。然而，北方工厂安在？在沈阳下岗工人子弟双雪涛后来写的小说《北方化为乌有》中，"北方"（东北）是具有家乡意味的工厂的同义词：

[1]　许立志：《四首》之《开往南方的火车》，"许立志 LZ 的博客"（ http://blog. sina.com.cn/1360qxh ），2013 年 12 月 12 日。

女孩说，你爸是想救工厂，不想看着工人都回家，他那时候经常跟我姐说，工厂完了，不但是工人完了，让他们干什么去，最主要的是，北方没有了，你明白吧，北方瓦解了。[1]

在更早一些的小说《那儿》（2004）中，生于上海、在深圳写作的曹征路书写一座被叙述者体认为家园的江南大厂时，同样要向东北追溯：

其实这个厂我从小玩到大，龙门吊，大行车，车铣刨镗，全都是我熟悉的。这里有我一半的童年欢乐。而今却人去厂空，无比荒凉。小舅就在这个荒芜中讲述了他认为不该如此荒芜的历史。……

……矿机厂的前身是东北某军工企业，五十年代由国家投资，转战千里来到江南……[2]

---

[1] 双雪涛：《北方化为乌有》，见《飞行家》，广西师范大学出版社，2017年，第195页。

[2] 曹征路：《那儿》，见丁帆主编《乔厂长上任记：改革小说选》（下），人民文学出版社，2008年，第1250页。

参照上述小说中的"北方"的历史，或许更容易理解许立志诗中的"从北方的冰窟开往南方的工厂"。这条单向线上有两种主体位置：一是"南方"的异乡人——异化劳动者；一是曾经的"北方"人，关于其故乡——非异化有机生活（包括作为有机社会的工厂）的想象已被冰封。与这两种位置对应的是主体衰老的理想："在山的那边，我看见理想挂满/秋天的枝桠，它在风中摇摆/似一个风烛残年的老人"。作为广东人的许立志与其说在表达对于"北方"的乡愁，不如说以特定的媒介意象质疑了历史的单行线：火车难道不是双向对开的吗？异乡人向着"北方"的返乡之旅——让"风烛残年的老人"重新年轻起来的旅程是否可能？《开往南方的火车》内含一种召唤结构——召唤辩证历史想象的资源。

在许立志写作《开往南方的火车》的 90 年前，一位南方青年文学家正乘坐火车北行，在"火车刚走近山海关"的那个清晨，他看到了古老大陆重新焕发的生机：

> 远望一角海岸，白沙青浪映着朝日，云烟缭绕，好
> 似拥出一片亚洲大陆的朝气。[1]

---

[1] 瞿秋白:《饿乡纪程》，见《瞿秋白文集·第一卷（文学编）》，人民文学出版社，1985 年，第 40 页。

写下这段文字的是 21 岁的瞿秋白，1920 年他作为北京《晨报》和上海《时事新报》的特约通讯记者前往莫斯科报道十月革命后的苏俄，所走的路线是沿京奉铁路、南满铁路（日控中东铁路南部支线）、中东铁路支线北上到哈尔滨，再沿中东铁路干线西行，由满洲里出境，沿俄国西伯利亚大铁路抵达莫斯科。作为现代东北交通大动脉的中东铁路，最初被设计为西伯利亚大铁路的一部分，后者是迄今世界上最长的铁路，19 世纪末 20 世纪初，沙皇俄国试图通过修建这条铁路与英国争夺东方空间生产的霸权，即以跨越欧亚的铁路线来削弱英国借由从东亚到北非的殖民地所掌控的海上交通线的作用，由于在日俄战争中败给英国支持的日本，俄国称霸远东的空间生产未能真正实现。[1] 而可能完全不在建造铁路的殖民帝国的预期之内，中东铁路和西伯利亚大铁路深刻塑造了 20 世纪前期东西方之间知识和文化的流动路线。1935 年赴德国留学的季羡林后来回忆：

> 当年想从中国到欧洲去，飞机没有，海路太遥远又麻烦，最简便的路程就是苏联西伯利亚大铁路。其中一

---

[1] 参见茅海建：《张库大道与西伯利亚大铁路》，见《历史的叙述方式》，上海三联书店，2019 年，第 14—21 页。

段通过中国东三省。这几乎是唯一的可行的路……[1]

1930 年沿同一路线同样赴德国留学的冯至记下了火车开过赤塔后的经验：

> 天明醒来，窗外已经不是昨天。昨天由满洲里进入苏境，只有一望无边的荒草：没有田，没有人家，没有坟墓；沿着铁路几条电线在那儿冷清清地传布着人间热闹的信息，剩下的只是走不完的荒草。今天，已经不是昨天。白杨、赤杨、榆树、各样松柏一类的常青树……色彩太鲜艳了，停车坐爱枫林晚，在这里车却无须停，因为这伟大的，很少经人道破的，美丽的树林是一望无有边涯的。
>
> 走下床来，遇见车上的人，也不是昨天。昨天彼此都是生疏的，互相矜持的陌生人，今天一见面，不知怎么就有如世代的旧邻了。隔壁的德国牧师第一句的"早晨好"，听着就好像十分耳熟。一个苏联的大学生也含笑用德国话问我，"你到哪里去？"我说到德国。"读书

---

[1]　季羡林：《留德十年》，人民文学出版社，2015 年，第 15 页。

吗？""是的。""学什么呢？""学文学和哲学。"——大学生听了这句话，眼睛瞪得圆圆的，精神兴奋了，"学哲学？哲学，应该到我们的国里来学，我国里产生过世界最伟大的哲学家——列宁。"

他不提柏拉图，不提康德，而认为列宁是"世界最伟大的哲学家"，我听着有些愕然，但同时又仿佛感到一个新的世界观正在开始。……[1]

尽管不同于瞿秋白将十月革命后的俄国当作探访新世界的目的地，只是取道西伯利亚大铁路的冯至同样通过交通媒介不无认同地感知到新的时间——"今天，已经不是昨天"。值得注意的是，这种基于"北方"媒介的新时间体认，与此前冯至对于中国东北城市现代性的疏离形成了鲜明对照。1927年，从北京大学德文系毕业的冯至赴哈尔滨任中学教师，他将这座现代化和国际化的"北方都市"体验为怪诞而阴郁的异域空间：

我是一个远方的行客，惴惴地

---

[1] 冯至：《赤塔以西——一段通信》，见《山水》，北京出版社，2019年，第15—16页。

走入一座北方都市的中心——

窗外听不见鸟声的啼唤，

市外望不见蔚绿的树林；

街上响着车轮轧轧的音乐，

天空点染着工厂里突突的浓云：

一任那冬天的雪花纷纷地落，

秋夜的雨丝洒洒地淋！

人人裹在黑色的外套里，

看他们的面色吧，阴沉，阴沉……[1]

冯至对哈尔滨的疏离感很大程度上和城市空间的混杂性有关——"苏俄，白俄，乌克兰，/ 犹太的银行，希腊的酒馆，/ 日本的浪人，/ 高丽的妓院，/ 都聚在这不东不西的地方"[2]。然而，1920 年身处哈尔滨的瞿秋白却在同样的混杂性中发现了"纯粹的北方"：

---

[1] 冯至：《北游》，见《北游及其他》，沉钟社，1929 年，第 37—38 页。冯至的上述经验在《北游及其他》的序言中表达得更为直接："来到那充满了异乡情调，好像在北欧文学里时时见到的，那大的，灰色的都市……那座城对我太生疏了，所接触的都是些非常 grotesque 的人们干些非常 grotesque 的事……"

[2] 冯至：《北游》，见《北游及其他》，第 44 页。

那地的中国人生活，上等人是半俄国化的，——很有些俄国洋行的西崽出身立致巨富的，现在还住着几层高的洋房，娶的俄国媳妇，其余就是北京去的官僚，奉天黑龙江去的武夫。下等人大半是纯粹北方式的生活。中国苦力大半是铁路工人，也有些组织，住的地方叫三十六棚。其余工人，佣工者大概生活还不十分艰难。其地工价非常之高——一半是俄国工会的功劳。我曾到邮局去调查，据说每月中国山东直隶等省小工寄回去的钱，总数总在一万元以上。——也足见那工人生活勤俭能储蓄了。……

　　……各派俄国社会党在哈尔滨联络一中东路工党联合会，多数党少数党社会革命党都在一起，而以中东路工人联合会及哈尔滨城市工人联合会为实力上的后盾。哈尔滨的劳动运动，以这一联合会为中心点。……中国苦力心目中的俄国人决不是上海黄包车夫心目中的"洋鬼子"。下级人民互相间的融洽比高谈华法、华美文化协会的有些意思——然而却有中俄文化融会的实效。——不过并不是什么文明进步的意义罢了。[1]

---

[1] 瞿秋白：《饿乡纪程》，见《瞿秋白文集·第一卷（文学编）》，第47—48页。

瞿秋白在身份复杂交错的语境中描述的"纯粹北方式的生活"，首先是指来自传统华夏核心区（山东、直隶等省）的工人阶级（主要是铁路工人）的生活，区别于买办资产阶级的半俄国化，与此同时，中国"北方"/工人的生活又与经俄国传来的国际社会主义运动有着密切的关联[1]，由此可以看到阶级认同层面不同民族文化的"融会"。这一 1920 年的哈尔滨工人阶级状况叙述，最早显影了东北从华夏边缘到代表"北方"（不是陌生疏离的异域，而是中国历史的空间换喻）担纲另类现代性前沿（时间的前沿）的转换生成的原理。这个潜在的原理是在 20 世纪中国革命的实际过程中获得自己的实在形式的，后者并非固定的范式，而是在具体历史语境和克服特定矛盾的实践中呈现出差异和变化。以中国当代文学工业题材写作的开创者、广东女作家草明的代表作品为线索，可以大致管窥"北方"形式的变迁。40 年代后期到50 年代末，草明根据自己在牡丹江镜泊湖发电厂、沈阳皇姑

---

[1] 在瞿秋白的同一著作中，失去与社会主义运动语境关联的"北方式"是落后和旧势力的代名词："可惜在此地的智识阶级只有一般中了'北方式'官僚教育毒的俄文馆派。只好任那松花江里帝国主义的血浪，殖民政策的汗波，激扬震荡，挟着红胡子似的腥秽的风暴，丘八爷式的严酷的冰雪，飞吼怒号罢了。"（瞿秋白：《饿乡纪程》，见《瞿秋白文集·第一卷（文学编）》，第 57 页）

屯铁路工厂和鞍山钢铁公司的工作经验，先后创作出《原动力》（1948）、《火车头》（1950）和《乘风破浪》（1959）三部工业题材小说。前两部小说的一个共同主题是批评从关内农村根据地来到东北城市的一些干部的经验主义和官僚主义——囿于小生产经验，无法和工人打成一片，不知道如何组织工业生产。而《乘风破浪》对官僚主义的批评，则指向了苏联模式的工业管理制度，即在社会主义理想与现代科层官僚制的冲突中"表达了催生'鞍钢宪法'的历史焦虑"[1]。1960年，在对中共鞍山市委写给中共中央的《关于工业战线上的技术革新和技术革命运动开展情况的报告》的批示中，毛泽东将鞍钢的生产管理经验命名为"鞍钢宪法"，并向全国大中企业和大中城市推广。实行"两参一改三结合"（工人参加管理，干部参加劳动；改革不合理的规章制度；工人、管理者和技术人员相结合）的"鞍钢宪法"直接针对苏联强调一长制和科层职级的"马钢宪法"，它表明东北不仅是中国最早实践苏联模式的地区，也是最早尝试变革这一模式的地区，而这种变革正是重新激活以十月革命为契机开启的"北方"时间。

---

[1] 李杨：《工业题材、工业主义与"社会主义现代性"——〈乘风破浪〉再解读》，《文学评论》2010年第6期。

因此，对于前述"开往南方的火车"这条单行线上的主体而言，只有具体返顾 20 世纪的中国和世界，尤其是社会主义的历史，对"北方"的想象和书写才可能突破重重冰封。而作为前提的前提，只有将书写者自身的语境问题化，这种返顾才是切实有效的，否则，真诚的抚今追昔也难免将历史变成空洞的景观。一个典型的例子是梁晓声书写某"北方省的省会城市"的长篇小说《人世间》（2017）。《人世间》主要写的是这座城市 1972 年之后 40 多年的历史，而在对前史的追溯中，小说开头写到了"苏联红军出兵中国东北那年"中国人的"困惑"：

> 苏联红军很快就与居住当地的本国逃亡者家庭发生了关系，大出中国人意料的是发生了亲密关系。中国人的想法是——他们是红军，是革命的队伍，而对方则不是地主便是富农，是革命的对象。有的在本国时还可能是他们的敌人，是他们要实行专政的人，否则，干吗背井离乡逃到中国来呢？那么，他们即使不在中国继续与对方开展阶级斗争，也断不该高高兴兴地去往对方家里成为不请自到的座上客呀！……
> …………

困惑至极的中国人议论:"他们的红军怎么一点儿革命立场都没有啊?"[1]

在《人世间》里,1945年的中国人(尤其是刚刚经历伪满洲国统治的东北人)已经普遍能够站在"革命立场"上进行马克思主义式的阶级分析了。小说开头就出现的荒诞历史场景,丝毫也没能影响《人世间》因其"历史年代感"而收获的广泛赞誉,这恰好征候性地表明作品流行的语境——对"历史年代"景观的迷恋取代了对真实历史纵深的感知。另一个与之呼应的征候点是,在这部被称为"平民史诗"或"五十年中国百姓生活史"的小说里,对普通工人生活影响最为深刻的20世纪90年代被整体删除。主人公周秉昆1989年入狱,2001年出狱,90年代剧烈的市场化过程及国企工人下岗潮,对于他和他的家庭都只是生活的外景,而小说的另一位主人公——周家大哥周秉义则直接延续了90年代所谓"现实主义冲击波"中的角色模式:"类似小说中的第一主角通常并非社会苦难的直接背负者——普通的工人或农民,而大多是中层或基层干部、行政或企业的管理者——厂长、市

---

[1] 梁晓声:《人世间》(上部),中国青年出版社,2017年,第7—8页。

长、乡长、车间主任。于是，这个桥梁式的人物便联结起社会的不同层面：政府、新富阶层、跨国资本之代理与下层民众。……就阅读、接受而言，显然是这些主角，而并非真正无助的工人、农民，获得了读者的满腔同情。"[1]从这个角度来看，《人世间》对90年代的整体剪切，不仅是剪掉了关键的历史过程，也屏蔽了文本自身的话语起源。循着这一起源可以发现，以《人世间》作为"平民"通货符号（"工人""下岗工人"等常常被这一符号赋值）的文化流通体系，仍然属于90年代形成的幻化生产关系和社会变迁的文化镜城。

在当代中国文化研究的发轫作《隐形书写：90年代中国文化研究》中，戴锦华将文化研究表述为"镜城突围"的尝试——"面对一座影像幢幢、幻影重重的文化镜城，勾勒一幅文化地形图"[2]。对于这种镜城境遇中的文化地形图测绘而言，东北之为"北方"的历史经验具有同时代性，即作为遗产和资源，促成测绘者获得阿甘本（Giorgio Agamben）所辨析的"同时代人"的主体性："真正同时代的人，真正属于其时代的人，也是那些既不与时代完全一致，也不让自己适应时代

---

[1] 戴锦华：《隐形书写：90年代中国文化研究》，江苏人民出版社，1999年，第282页。

[2] 戴锦华：《隐形书写》，第41页。

要求的人。……正是通过这种断裂与时代错位，他们比其他人更能够感知和把握他们自己的时代。"[1] 值得注意的是，可借重的历史经验的同时代性，是以自我背反的二重性为前提的，这也就是戴锦华一再讨论的遗产／债务的辩证法：继承 20 世纪的丰厚遗产，必须同时清理其沉重的债务，这不仅是因为可启动的历史资源往往被创伤性的记忆所"封印"[2]，也是因为来自社会主义历史的遗产常常"被应用于相反的目的"[3]，因此，自觉的镜城地形图描绘者需要始终保持"犹在镜中"的警觉[4]。

　　在上述意义上，对"同时代的北方"的探究，应被理解为从特定方向寻求镜城突围的一支偏师，本书为其候骑。

---

[1] 阿甘本：《何谓同时代人？》，附录于《论友爱》，第 63 页。在几位文学研究者与班宇的一次对谈中，梁海谈到班宇和其他东北作家的差异时认为："班宇的不同点在于他有点像阿甘本意义上的'同时代性'，他常常和时代保持着一种错位。"（《〈讲好东北故事？班宇谈小说〉论坛回顾》，"北京当代艺术基金会"公众号，2023 年 2 月 9 日）事实上，"和时代错位"在双雪涛和郑执的小说中也能看到，这与其说是个体作家的特殊之处，不如说来自他们共同成长经验中的历史因素。而阿甘本所说的"同时代性"也不仅仅止于"错位"，而是意味着"不适应时代"与"真正属于其时代"、"更能把握时代"的辩证关系。

[2] 戴锦华：《历史的坍塌与想象未来——从电影看社会》，《东方艺术》2014 年第 S2 期。

[3] 戴锦华：《大众文化的隐形政治学》，《天涯》1999 年第 2 期。

[4] 参见戴锦华：《犹在镜中：戴锦华访谈录》，知识出版社，1999 年。

上 编

区域史与生产史

第一章 作为"现代"纪念碑的老城：
历史化边缘视角下的区域形塑

　　2017 年夏秋之际的清晨，在辽宁开原老城的塔子胡同，常能看到一位老牧羊人和正在旷野上吃草的羊群。牧羊人将近 60 岁，是老城本地人，过去一直在城外的清河河滩放羊，如今不用出城，在家门口就能找到一片牧场，这是开原古城复建工程给他带来的意想不到的便利。整体复建开原古城的计划是在 2007 年正式启动实施的，据当时媒体报道，"开原古城界定面积 3.77 平方公里，城内面积 3 平方公里，为全国县级古城之最"，除重建古城城墙外，城内"设有四国皇宫、黄龙府、总兵府和 36 座庙宇等景观"。[1] 为了打造所谓"四国故都，五朝重镇"，开原市政府对老城进行了大规模拆

---

[1]　高喆、郝玲:《开原古城全面改造》,《铁岭日报》2007 年 7 月 20 日。

迁。以城内十字大街为界，老城划分为四大片区，截至2012年（进行了范围最大的一次拆迁），南大街以西、西大街以南的居民住宅，除个别钉子户外，几乎被拆除殆尽。然而，老居民区被夷为平地之后，新的"古城"建造却迟迟没有进展，整个老城西南片的寥廓空地闲置荒废多年，有些地方已经种起了庄稼，其余则成了蓬蒿丛生的旷野，以至风吹草低见羊群。

拆迁旧城，新建"古城"，无疑是21世纪初十多年间城市改造中建设性破坏的常态，而开原古城复建工程的特殊之处在于，建设投入及开发能力与破坏的力度不成正比。开原火车站的候车大厅里，展览着再现主城区棚户区改造前旧貌的照片，照片中的砖瓦旧宅早已被林立的高楼整体替代。而在距离开原主城区不到7公里的老城里，至今还没有建成一个居民小区，除了城西的烂尾楼，20世纪90年代为开原四中教职工建的一幢五层家属楼是唯一可见的多层住宅建筑。在一度以"棚户区改造"著称的辽宁省，开原老城仿佛被抛在城市现代化浪潮之外的孤岛。然而，这座当下的"孤岛"，并不是中国东北区域发展史上一个可以忽略的地点，一方面，它的边缘状态是在现代历史中形成的，另一方面，正是塑造这一内部边缘的历史过程同时塑造了现代东北的区域整体。换言之，老城的凋敝空间正是区域现代史本身的碑铭，以其特殊的文体深刻铭写着现代东北的形成与变迁。

在现代东北研究中，对区域整体的讨论往往聚焦于现代交通枢纽、工业基地和中心城市，在这一常规视角下，东北的百年变迁被再现为与特定时代本质相对应的"兴—衰"历程，围绕这一线性历史想象，大致形成了三种决定论的叙事模式：（1）兴于工业时代，衰于后工业时代；（2）兴于计划经济时代（作为近年讨论东北的一种潮流，计划经济体制的形成被从20世纪50年代上溯至伪满乃至奉系军阀时期），衰于市场经济时代；（3）兴于冷战时代，衰于后冷战时代。尽管具体的二项对立范畴有所不同，但这些主流叙事都是把东北的区域特征转喻为某种时代特征，将东北和20世纪的历史同时本质化。[1] 相对于聚焦区域中心建立的本质主义决定论的"兴—衰"叙事，作为历史化边缘的开原老城，为探究东北区域变迁及其现代性问题提供了别样的视角。

---

[1] 在主流媒体关于东北发展困境的表述中，上述三种叙事模式彼此竞争又相互借重，如在东北经济呈现所谓"断崖式下跌"的2015年，《南风窗》的专题报道一方面质疑东北需要进行"第三产业"转型的流行观点，一方面认为："东北经济曾经的辉煌，得益于上世纪特殊的国际地缘政治和军事因素的推动，而它的衰落则和中国的市场化改革，以及冷战后全球经济的深度融合同步。"（谭保罗：《世界变平，东北"告急"！》，《南风窗》2015年第17期）

从开原城到老城：东北的现代化

　　开原老城始建于明初洪武年间。在元代开元路治土城旧址的东面，明朝新建砖城，并避明太祖朱元璋讳改"开元"为"开原"。明开原城周长约十三华里，规模远大于后来成为清盛京的沈阳中卫城，是仅次于辽阳城的辽东第二大城。开原城在明末遭到严重的战争破坏，清乾隆年间又依旧制重修，仍是以钟鼓楼为中心交叉点，东西南北四条大街呈十字形连接四座城门，将全城划分为四大区块，由此确定下来的城区格局一直延续至今。不同于明朝将开原城作为军事驻防空间，清朝设立了开原县，县城经过重修后，由民居市里构成的胡同日益密集，咸丰七年版《开原县志》状之为"闾里繁稠"[1]。这部县志中的开原城地图描绘着与现代开原老城大致相契的街巷布局，其中，钟楼南街路西的第二条胡同清晰标示着"塔子胡同"，直到 2012 年被夷为荒地之前，这条老胡同一直名实俱存。

　　开原城的兴起和发展，源自它在传统中国边疆地理中的位置。明代开原城被辽东长城从东、西、北三面环抱，为明长城九边军镇之一辽东镇的北部门户。辽东镇诸城按军政建制分

---

[1]　（清）全禄等：《开原县志》卷二，清咸丰七年（1857 年）刻本，第 41 页。

镇、路、卫、所、堡五级，开原城为路城，在军政级别上仅低于辽东都指挥使司治所辽阳城和都指挥使分司治所广宁城，而"因其三面临边，其规模和镇城相当，甚则已经超过了广宁镇城的尺度"[1]。除了军事战略意义，开原还是长城边疆重要的边贸地点，明朝设"开原马市"，与蒙古、女真诸部互市。长城是农耕文明与游牧（及渔猎）文明以各种方式互动的历史象征，而这种互动的实际空间在很多历史时期"并没有长城那样清晰的界线，而只有一些边疆地带"[2]。长城随明清鼎革而失去实际功能，但长城地带的边疆形态并未因此改变，具体到被现代中国人称作"东北"的地区，清朝为封禁"龙兴之地"而修建的柳条边，不仅成了辽东长城的物质形态替代物，而且以其"人"字形的走势更加分明地区隔出农耕、游牧和渔猎三大经济—文化区域，开原城由于扼守柳条边的"人"字形边墙交会处的边门，仍是这三种经济—文化往还互动的边疆枢纽。

19世纪后期开始，中国的东北部逐渐成为现代欧亚资本主义竞逐的前沿。1861年，英国率先在营口——辽河入海口开埠，辽河航运由此进入历史上最活跃的时期，形成了"沿岸

---

[1] 魏琰琰、张玉坤、王琳峰：《明长城辽东镇防御体系与军事聚落》，中国建筑工业出版社，2018年，第124页。

[2] 拉铁摩尔：《中国的亚洲内陆边疆》，第2页。

市镇带"和"梯级市场"[1]，地处辽河干流北部水系的开原城商贸因此更加繁盛。不同于英国最初借助传统边疆地理及其媒介进行资本渗透，沙皇俄国和日本在19世纪末20世纪初将争夺铁路修筑及控制权作为建构"满洲"殖民空间的首要前提。随着以铁路为标志的工业现代性的植入，传统的边疆形态被改变，全新的交通媒介消弭了农田、草原和森林的区域地理界限，使从前相互区隔的三大经济—文化区域结合为"新的统一体"[2]。晚清政府以设立"东三省"、全面开禁招垦，以及利用铁路移民实边等措施来回应这一过程，现代中国东北由此渐次形成。[3]1903年，东北的现代交通大动脉中东铁路全线通车，1905年日俄战争后，日本从沙俄手中夺取了中东铁路支线在长春以南的部分，改称"南满铁路"。中东铁路及南满铁路重塑了东北的城市体系，在哈尔滨、长春、大连等现代交通枢纽和区域中心城市迅速崛起的同时，传统边疆地理条件下的一些

[1]　曲晓范：《近代东北城市的历史变迁》，东北师范大学出版社，2001年，第23—38页。

[2]　参见本书"导论"（第10页）的引述及阐述。

[3]　清朝中期文献（如嘉庆《清会典》）间或将盛京、吉林、黑龙江三将军辖区称为"东三省"。这个非行省制的"东三省"，一方面包括黑龙江以北和乌苏里江以东的广袤土地，一方面基本不包括柳条边以西的草原地带（辽西丘陵、松辽分水岭和松嫩平原大部），后者主要属于理藩院管辖的内蒙古盟旗。因此，现代东北的形成并非只是清代三将军辖区的行省化改制，更为关键的是在面对外来工业化殖民者的情境中对传统边疆的现代化整合。

水陆要冲日益边缘化，开原城便是其中之一。但不同于那些因偏离铁路而衰落的城镇，开原城的边缘化恰恰是从南满铁路开原驿的兴起开始的。

开原驿最初是开原城西南十八里一个叫"小孙家台"的村屯，沙俄修筑中东铁路时在这里选址营建火车站及铁路附属地，日本取得小孙家台站的控制权后，铁路附属地的商贸规模迅速扩张，以致开原城内的商家纷纷"被其吸收，相继歇业"，开原县境的"商务之中心点遂移于小孙家台车站"[1]。日本"满铁"在改扩建小孙家台站的过程中将其更名为"开原驿"，"开原"由此成为两个分裂对立的城市空间的共同能指。铁路附属地与传统城关的对立，不是20世纪初开原的特殊境况，而是中东铁路及南满铁路沿线的东北古城在现代转型中的一种普遍经历。如在沈阳，就曾出现过奉天驿"满铁"附属地与奉天古城的对立，只是在这两个"奉天"的中间地带，还存在着第三种空间，即清政府自行开埠、民国奉系军阀政府着力建设的商埠地，商埠地不仅在经济上有制衡日本资本扩张的作用，而且在地理上将分裂的城市空间连成一片，最终构成了现代沈阳的中心城区。与沈阳形成对照，自建商埠地的失败正是决定现代开

---

[1] 李毅等：《开原县志》卷九，开原驿文英印刷局，1929年，第12页。

原城市格局的关键。

开原地方政府自辟商埠，缘起于 20 年代中期开丰线铁路的营建。为建开丰路而成立的"开拓长途铁轨汽车股份有限公司"名义上是民营公司，但从该公司股东名簿和董事履历表来看，许多大股东和董事会成员是奉系军政要员，其中张学良位列投资最多的大股东的第二十位。[1] 作为奉系官僚资本实际控制的"民办"铁路，开丰路以开原驿东北的石家台为起点，经开原城通往西丰县，并计划续建延伸至海龙县，与奉系最重要的自建铁路奉海线相连，明显蕴含着和日本"满铁"竞争路权的意图。[2] 开原县知事以此为契机，在石家台辟

---

[1] 辽宁省档案馆藏《开拓汽车公司股东名簿》，档号：JC010-01-008472；辽宁省档案馆藏《奉天省长公署开拓长途铁轨汽车股份有限公司董事履历》，档号：JC010-01-003898。

[2] 1924 年 2 月，奉天省长公署批准"集资试办"开拓长途铁轨汽车股份有限公司。《开拓长途铁轨汽车股份有限公司章程》第一章第三条："本公司路线先以开原为起点修至西丰，俟开车营业后再行招股，继续修至西安、东丰、海龙为止。此路线附近不准他人营同一事业或类似汽车营业并道行驰，以免互相失利。"（辽宁省档案馆藏《奉天省长公署为北镇县呈西丰、开原、北镇等商人（内有郭松龄、高纪毅等官僚资本参加）集资开设长途汽车公司事》，档号：JC010-01-003900）根据此前日本与北洋政府签订的《满蒙五路借款大纲》（1913 年）和《满蒙四路借款预备合同》（1918 年），投资修建开原至海龙的铁路的权利为日方所据。1923—1924 年，张作霖委派王永江就修建奉海铁路与日本"满铁"交涉，奉海铁路不仅从长远来看与南满铁路存在竞争关系，更直接与日方拟建的开海铁路发生冲突，奉天省长公署在与日交涉期间批准"民办"开丰铁路，相当于造成一种既定事实，策应奉海铁路的修建。

市招商，并规划了包括公园、学校、医院、电灯场等在内的现代城市空间，试图建立专门的城市管理机构市政公所。但兴办市政的计划并未获得奉天省长公署的批准，奉系高层尽管重视开丰铁路的修建，对石家台商埠的定位却是"究属乡镇之一"，认为其所谓"市政"只是不必要地靡费财力，申令当地官员不得"妄事铺张"[1]。由于无法获得市政建设的支持，石家台商埠始终没能发展起来，开原城市空间的整合因此失去了前提和基础，开原驿"满铁"附属地相对于开原城的优势地位也终于无法逆转。

据伪满大同学院 1934 年组织编写的《满洲国地方事情》之《奉天省开原县事情》，开原城内最大商号的年销售额仅为开原驿"满铁"附属地资本金不到其一半的商号的六分之一。[2] 与此同时，对照 1918 年、1929 年两版民国《开原县志》和 1934 年伪满《奉天省开原县事情》中的开原城地图，可以明显发现，开原城内的菜地持续从方形城区的四角向东西南北四边拓展。也就是说，在开原城的商业空间因开原驿挤压

---

[1] 辽宁省档案馆藏《奉天省长公署为开原县呈拟在石家台开辟市场事》，档号：JC010-01-019674。

[2] ［日］冈部善修：《奉天省开原县事情》，见伪满洲国地方事情编纂会编《满洲国地方事情（A 第十九号）》，大同印书馆印刷部，1934 年，第 1626—1627 页。

而萎缩的同时，它的传统农业（蔬菜种植业）空间却在不断扩大，呈现出日益显著的乡镇化趋势。1939年，伪满当局将开原县署从开原城迁移至开原驿。抗日战争胜利后，国共两党的开原县政府都没有再改变这一行政中心的地点设定，由火车站发展起来的现代城市空间因此成了"开原"的唯一城市所指，而承续明清两朝五百多年建城史的开原城则失去了其固有的名字，改称"老城"。一方面，老城不再是开原县的经济和政治中心，另一方面，它作为县"蔬菜生产基地"的身份却从此固定下来。此后数十年间，只有当人们谈起驰名东北的"开原大蒜"时，老城才是"开原"的代表。

老城的命运与"共和国长子"的意味

20世纪下半叶，老城先后是开原县和县级开原市的一个镇。2002年，开原市老城镇更名为"老城街道"，这个新的命名意味着老城又重新成为开原城市空间的一部分。但不同于作为开原主城区的"新城街道"，老城城区包含着四个行政村，四个村的分界线恰好是把老城分为四大片区的城内十字大街，换言之，老城的城与村是合而为一的。这种城村叠合的状况是从清代开原城到社会主义时期的老城镇在人口地理上的延续。清咸丰七年版《开原县志》明确记载县城内"士农工商杂处其间"[1]，由于在中东铁路带动的东北城市体系重构中被边缘化，开原城没能发展为现代城市，也因此没有将农业生产和农业人口排斥为他者。在社会主义计划经济时期，不同于城乡二元体制中单纯的城市或乡村，老城居民既有城镇户口，也有农村户口，农户与非农户无区隔地共享着同一个社区生活空间。从2007年开始的开原古城复建工程一意新造"古建筑"景观，并不顾及老城的历史人口地理，但后者却真切地作用于前者的实际过程。由于农户与非农户住宅密集杂处，以及不同年代的新农户的迁入，拆迁过程中发生了关于宅基地认定的分歧，这是有钉子户拒绝搬迁的重要原因。另一方面，老城西南片区整体拆迁后开发不力，荒废数年，因为老城不是主流视野中的标准"城市"，它的巨大城区废墟一直没有受到本地之外公共舆论的关注和上级政府的重视，以致一项后现代景观工程吊诡地再生产了非景观化的农牧业空间，并因此留下了真实历史的入口。

　　初见在塔子胡同放羊的老牧羊人时，笔者想当然地把他

---

[1] （清）全禄等：《开原县志》卷二，第42页。

当作了老城农户，便向他请教计划经济时期生产队的农牧业情况，没想到他回答：我是工人，在水泥制品厂——国营单位，大集体编制，单位黄了，才弄起这些羊。在位于老城中心的钟鼓楼的十字孔门里，可以看到老牧羊人说的"水泥制品厂"。清代钟鼓楼在"文革"时被拆除，老城镇政府1991年重建钟鼓楼，将捐资赞助的单位和个人的名单镌刻在十字孔门的内壁上。钟鼓楼的捐助单位中有很多老城的公有制工厂，它们在随后不久到来的市场化浪潮中全体覆没，这座复建的"古建筑"因此成了具有珍贵史料价值的纪念碑，纪念着老城曾经的传统社会主义工业时代，亦即东北作为"共和国长子"的时代。

东北作为中国乃至亚洲工业文明的前沿崛起于20世纪上半叶，但在1949年之前，东北工业企业的地理分布极不均衡，主要集中于沈阳、抚顺、鞍山、本溪、大连等构成的辽中南城市群。中华人民共和国成立后，通过抗美援朝期间"南厂北迁"和第一个五年计划时期落实苏联援华项目，整个东北被建设成为新中国的工业基地。新兴的工业区主要出现在吉林和黑龙江两省，而辽宁的工业布局还是以中南部的传统工业区为框架，地处辽北的开原县直至"一五"末期工业仍十分匮乏。1956年毛泽东发表《论十大关系》讲话后，根据平衡"重工业和轻工业、农业的关系""沿海工业和内地工业的关系"的指示精神，在第二个五年计划及"大跃进"期间，作为沿海工业大省的辽宁一方面加大对内地的工业支援，开始全面承担"共和国长子"对兄弟省区的责任，另一方面以搬迁工厂、"厂社挂钩"等方式来调整省内工业地理布局和城乡产业关系。以辽宁最具代表性的工业企业鞍山钢铁公司为例，这座中国钢铁工业的"摇篮"1956年便以"对口包干"的形式承建武汉和包头两大钢铁公司，1958—1960年，更是抽调近两万名技术工人和干部，援建被称为"三大""三中""十九小"的新中国钢铁工业企业体系和各地方冶金工业，支援地区涵盖东北三省和华北、西北、西南、华中、华东、华南的十多个省市自治区。[1]几乎同一时期，辽宁省内掀起了"厂社挂钩"形式下城市支援农村、工业支援农业的高潮，据1960年底的统计，全省共有2473个城市单位（大部分是工业企业）对459个农村人民公社进行

[1] 吴伟编著：《大国重器：鞍钢发展史》，科学出版社，2014年，第101页。毛泽东在《论十大关系》中指出："新的工业大部分应当摆在内地，使工业布局逐步平衡，并且利于备战，这是毫无疑义的。但是沿海也可以建立一些新的厂矿，有些也可以是大型的。……好好的利用和发展沿海的工业老底子，可以使我们更有力量来发展和支持内地工业。"（《毛泽东文集》第七卷，人民出版社，1999年，第26页）50年代后期的钢铁工业基地布局颇能体现这一思路。

了挂钩援建。[1] 开原县与农业生产、基本建设密切相关的地方小型工业——如农机修造厂、化肥厂等，正是在这一时期兴办起来的。同样是在 1960 年，沈阳起重机厂和沈阳市化工机械制造厂从辽宁省会迁移到开原县城，加上 1954 年从锦州迁来的原辽西省化工一厂，以及 1958 年旧址重建的开原造纸厂（1939 年建立的老厂 40 年代中期遭严重破坏而停产），开原县的中型工业企业几乎从无到有地发展起来，其中三家重工业国企全部来自大城市的工厂迁移。由此可以发现，从 50 年代中期到 60 年代初，平衡产业地理关系的实践在东北区域内外同时展开，相对于后来中苏交恶背景下的大小三线建设，不仅时间上更早，而且更加直观地呈现出以均衡发展为特征的社会主义现代性自身的逻辑。

60 年代后期到 70 年代，与全国范围内的区域经济关系格局一样，开原工业地理的均衡性持续推进，全民所有制工业企业从县城布局到更为边缘的乡镇。老城的三家国营工厂都建于这一时期。其中，1969 年成立的辽宁省开原制药厂最为突出，系辽北地区唯一的制药国企，负责辽北"几百万人口

---

[1] 辽宁省工业支援农业委员会办公室：《厂社挂钩》，辽宁人民出版社，1961 年，第 1 页。

的医疗康复保健事业"[1]。1970年成立的开原县砖瓦二厂（即老牧羊人所在的开原市水泥制品厂的前身）和1974年成立的开原县农机修造三厂，都是为进一步满足该县基本建设和农业生产需要而增设的相关行业的国营工厂。继开原县砖瓦二厂后，从1971年到1973年，老城又接连建立了三家建材企业，皆为集体所有制。集体所有制工厂是包括老城镇在内的开原县地方工业的主体，其来源大致可分为两类：一是1956年城镇手工业社会主义改造建立的生产合作社，1968年，开原县"手工业生产社、组全部转为集体工厂"，"机械化、半机械化生产逐步替代手工操作"[2]。二是"大跃进"时期人民公社和生产大队建立的社队企业，经过1962年的经济整顿和调整，开原县的社队企业职工人数从1958年的5533人锐减至1109人，70年代再次进入发展高潮，1975年，全县社办工业共有职工4417人，"产品品种由1970年的84种增加到134种"[3]。值得注意的是，无论是县属企业，还是社队企业，开原县地方工业的发展与城市国营工业的支持有着密切的关联，如老城镇

---

[1]　开原县工业普查领导小组办公室：《开原县第二次全国工业普查资料：工业普查资料分析选编》（内部资料），1987年，第127页。

[2]　开原市地方志办公室：《开原县志》，辽宁人民出版社，1995年，第318页。

[3]　同上书，第338—339页。

人民公社下属的自行车零件厂便是在沈阳自行车厂的帮助下建立的，为后者著名的"白山"牌（曾改名为"东方红"牌）自行车生产配件。在此情境中，老城内外形成了包括轻工制造、农机具修造、橡胶机械制造、建材制造等在内的地方工业体系。[1] 公有制工厂不仅是城镇户口居民就业的主要单位，而且吸纳了蔬菜生产队的剩余劳动力，部分农村户口居民就地转变为工人阶级，他们的工业生产劳动既为当地需要而进行，也是超越地方性的普遍社会主义生产的内在构成。

从企业数量和就业人口来看，80年代是老城工业发展最迅速的阶段。据第二次全国工业普查，开原县老城镇1985年共有独立核算工业企业32家，其中，市属企业1家，县属企业12家，镇属企业19家，这19家中有12家成立于1979年之后。[2] 80年代前期新成立的镇办工厂超过了老城独立核算工业企业的三分之一，这无疑与乡镇企业兴起的大潮密切相关，在1985年开原县的283家独立核算工业企业中，乡镇

[1] 1964年，老城镇郊各生产大队组建镇郊公社（后更名镇郊乡）。1985年，镇郊乡又并入老城镇。而在此之前，不仅镇郊乡（公社）的行政机构位于老城，而且其所属各村从名称（如"东关""西关""北关""城后"等）即可看出是老城地理的自然延伸。这里所论老城工业是以作为有机人文地理空间的老城（包括城关和镇郊）为对象的。

[2] 开原县工业普查领导小组办公室：《开原县第二次全国工业普查资料汇编》（内部资料），1987年，第666—683页。

集体企业共有 173 家，占比超过 60%，而全县农村村办工业企业和农村户办工业企业则分别达 538 家和 2314 家。[1] 与此同时，根据《开原县第二次全国工业普查资料汇编》的不完全记录（个别镇属企业没有记录职工人数），1985 年开原县老城镇的镇属以上独立核算工业企业（包括全民和集体）有职工 2747 人 [2]，是年老城镇人口为 5732 户，21635 人 [3]。由此计算，在村办、户办企业兴起的前提下，全镇（含城外各村）大约平均每两户家庭便有一人在国营或县、镇属集体工厂就业。[4] 而实际与公有制工业相关的老城人口数量可能比从官方统计获得的数据更高，如在工业普查资料中，开原县水泥制品厂 1985 年的职工人数是 537 人，但这一数字是按全民所有制来统计的 [5]，该厂还有大集体编制的职工，并且非正式地采取了某种"灵活"的用工方式。据老牧羊人回忆，相当数量的在编职工并未实际在岗工作，而是用工资雇人代岗，自

---

[1] 开原县工业普查领导小组办公室：《开原县第二次全国工业普查资料：工业普查资料分析选编》（内部资料），第 1 页。

[2] 开原县工业普查领导小组办公室：《开原县第二次全国工业普查资料汇编》（内部资料），第 666—683 页。

[3] 开原市地方志办公室：《开原县志》，第 77 页。

[4] 以上统计数字包括 1985 年并入老城镇的原镇郊乡所属各村。

[5] 开原县工业普查领导小组办公室：《开原县第二次全国工业普查资料汇编》（内部资料），第 670—671 页。

己去做小生意，他本人也加入了这个行列。老牧羊人最初的生意是从开原县城批发雪糕回到老城零售，卖雪糕的小商贩在乡镇出现，凸现出当时骤然增长的冷饮消费。但开原县从事相关生产的主要国企开原县罐头厂的冷饮车间的年利润却从 1980 年的 13 万元大幅缩减至 1985 年的 3 万元，由于"县内小冰果厂、小汽水厂逐年增多，相互竞争激烈"，该厂"冷饮生产景气不佳，日见萧条"[1]。在企业间曾经的生产互助关系被利润竞逐关系所取代的情境中，伴随企业数量和职工人数的增长，"工业总产值发展速度快"和"经济效益低"形成了巨大反差，从 1980 年到 1985 年，开原县工业总产值上升了50% 多，利润率却下降了 30% 多。[2] 乡镇企业在对同行业国营企业造成冲击的同时，自身也面临相似困境，相较于 1980年，开原县的乡镇营集体工业 1985 年"亏损企业数上升 4.6倍，亏损额上升 2.6 倍"[3]。具体到老城镇，在 1979 年之后成立的 12 家镇营工业企业中，有 7 家在 1985 年处于亏损状态。[4]

---

[1] 开原县工业普查领导小组办公室：《开原县第二次全国工业普查资料：工业普查资料分析选编》（内部资料），第 153—154 页。

[2] 同上书，第 11 页。

[3] 同上书，第 10 页。

[4] 开原县工业普查领导小组办公室：《开原县第二次全国工业普查资料汇编》（内部资料），第 678—685 页。

以交换价值增殖为核心的全新生产逻辑，不仅使公有制工厂日益陷入经营困境，而且渐次瓦解了工人"以厂为家"的集体主义文化认同。但另一方面，企业及职工数量的增长表明，在80年代，国营和集体工业仍然在为地方就业乃至职工福利承担责任。

在解决上述两方面矛盾的90年代市场化中，无法满足资本增殖要求的工厂与工人共同成了被淘汰的冗余。由于开原老城的工厂全部为小型企业，在以"抓大放小"为原则的改革中，老城公有制工业彻底消失，而无法像国有大中型企业集中的东北主要工业城市一样保留某种"浴火重生"的可能。这种"欲火重生"的实现，依靠的是列斐伏尔（Henri Lefèbvre）所说的"空间本身的生产"对"空间中事物的生产"的替代和重塑，"现代经济的规划"由此"倾向于成为空间的规划"[1]。以东北最大的工业城市沈阳为例，通过铁西区的"东搬西建"，借房地产开发脱困的国有资本在偏远的市郊建立起崭新的工业园区，原来老工厂集中的地带被各种住宅地产和商业地产项目改造为消费空间，与此同时，在核心老城区持续进行着以复建"清代民国风"为目的的旧城改造，整

---

[1] ［法］列斐伏尔：《空间：社会产物与使用价值》，王志弘译，见薛毅主编《西方都市文化研究读本》（第三卷），广西师范大学出版社，2008年，第24页。

个城市在扩张和改造中成了被不断"创造性破坏"的都市/消费/景观社会[1]。在老城开展的开原古城复建工程同样属于这一逻辑的空间生产。据《辽宁日报》报道,复建开原古城的想法最早来自2004年开原市举办首届旅游节,开原古城和开原籍喜剧明星赵本山被选定为发展地方旅游产业的"古与今两张响当当的名片",老城因此重建南城门,成为开原古城复建工程的先声。[2]但在古城复建停滞多年之后,这座城门已是一个破败空间的壮观门面。从南门进入老城,循南大街走向钟鼓楼,一路萧索触目,倒闭的店铺、倾圮的房屋、拆迁后的荒地皆沿途可见,而在钟鼓楼的东、西、北三个方向,都可以看到老工厂的废墟。自21世纪初以来,不断有艺术家、学者和媒体将东北工业城市描述为中国的"锈带",在沈阳这样的大城市的市区,"锈"的本来所指——凋敝废弃的老工厂经过一轮轮的城市改造已难觅踪迹,但在开原老城,这种"创造性的破坏"却难以进行,失败的开原古城复建项目表明,资本无法在对老旧空间的破拆开发中获利,便任其沦为废墟。

---

[1] 列斐伏尔的"都市社会"与鲍德里亚(Jean Baudrillard)的"消费社会"、居伊·德波(Guy Debord)的"景观社会"是从不同角度对同一种历史变迁趋势的理论化,异名而同实。

[2] 霍大为、刘立纲:《回到开原》,《辽宁日报》2006年12月15日。

由于基础设施建设及商业开发的异常滞后，公有制工业彻底消失的老城反倒最大程度保留了典型的"锈带"空间。

除了直观的工业废墟，"锈带"的另一特征表现在人口地理上。在与老城居民的交流中，年届不惑的笔者不时会被称呼为"小伙儿"，当地成长的"小伙儿"大多在外地就业安家，这直接导致了更年轻的下一代的减少，以至于老城除了倒闭的工厂和店铺，还有一类特殊的废墟——废弃的校舍，在生源日减的情况下，城里原有的三所小学连同城外的十余所村小撤并成了一所小学。老城仅存的小学位于已拆为荒地的塔子胡同，作为屈指可数的未被拆迁的"伙伴"，其近旁还有一座金代古塔和一所以"古塔"命名的养老院。在近年的公共舆论中，人口负增长和净流出，尤其是年轻人的持续外流，几乎构成了关于东北经济、社会和文化困境的最重要的议题。在东北的大城市，由于对周边城乡劳动力的吸纳，人口变化表现得并不直观，从统计数据看，个别区域中心城市的人口仍在增长。而在作为县级市的边缘城区的开原老城，人口的减少和老龄化则是可以通过感官经验直接捕捉的事实。

从空间到人口，老城的"锈带"表征看起来十分契合关于东北的各种主流"兴—衰"叙事。但是，这些主流叙事中的东北衰落是 20 世纪 80 年代之后的故事，而老城的衰落却从一百年前就开始了。换言之，明清边疆要冲开原城丧失自己的传统优势的时刻，正是东北作为现代区域形成和作为亚洲工业文明的前沿而崛起的时刻。这个百年前崛起的工业文明前沿同时是资本（欧亚列强资本和本土官商资本）竞逐的前沿，因营口开埠而勃兴的辽河航运被铁路系统所取代，意味着资本流动和增殖的空间的重构，按照以资本逻辑为主导的一般现代性逻辑，当一城一地在全新的交通网络和经济地理中被边缘化，其衰败便不可避免。然而，老城的衰败又并非一个线性过程，那些老工厂的废墟铭刻着它在特定时代改变衰败命运的可能性，这个时代就是东北作为"共和国长子"的时代："共和国长子"的意义不在于东北自身的区域发展成就，而在于它在传统社会主义时期的另类现代性中所扮演的关键角色，以寻求均衡发展的互助与共享替代制造分化的竞争与垄断，是后者的另类逻辑的核心。因此，老城当下的凋敝空间实际上是两种"现代"的历史铭文：一是塑造了工业化东北的主流现代历史趋势，一是使东北成为"共和国长子"的另类现代性。未来老城重建的成败，正取决于对具有双重意味的"现代"纪念碑铭的读解，在真正合理的老城改造中，废墟将不仅是有待清理的历史遗留物，更是在清理之前被充分领悟的启示录形式。

第二章　转折年代的文化地方性问题
与新中国文化工业基地的形成

地方性问题与现代中国文化的转折年代

在倡导"中国中心观"的名著《在中国发现历史》（*Discovering History in China*）中，柯文（Paul A. Cohen）描述了美国中国学自 20 世纪 70 年代开始的"地方性"转向——对现代中国历史的探讨从以整个国家为单位转向以某一地区为单位，作为该转向的一种代表性实践，在对三四十年代中共根据地的研究中，对各根据地的区域特征的具体考察取代了基于"民族主义"假设的"全国性论断"。柯文指出，这种"地方性"转向隐含着一种"下层性"取向，即主要关注对象不再是民族国家层面的精英，而是地方基层主体。[1] 聚焦地方

---

[1]　［美］柯文：《在中国发现历史——中国中心现在美国的兴起（增订本）》，林同奇译，中华书局，2002 年，第 178—188 页。

基层主体的区域社会史研究于 90 年代在中国大陆兴起，其思路明显受到美国中国学的上述转向的影响，但与此同时，在文艺思想史和文化研究领域，作为现代关键词的"地方"却恰恰与三四十年代跨地域流动的文化精英发生了最直接的关联。不同于"在中国发现历史"的思路，地方性问题对中国文化研究而言，不只是切入现代中国的某个局部的微观角度，更是整体性的现代中国文化建构的内在视野。

最早系统讨论这一内在视野的，是汪晖的长篇论文《地方形式、方言土语与抗日战争时期"民族形式"的论争》。1938 年，毛泽东在中共六届六中全会的报告《论新阶段·中国共产党在民族战争中的地位》中提出，要为马克思主义赋予"民族形式"，创造"为中国老百姓所喜闻乐见的中国作风和中国气派"。按照一般的历史叙述，这是 30 年代末 40 年代初从解放区扩展到国统区左翼文化界的文艺"民族形式"讨论的起源。而汪晖发现，"民族形式"讨论的发生还有地缘维度的历史动力，即抗日战争全面爆发后文学家和文化人群体从上海、北平等中心城市向西部乡村及边缘城市的大规模迁移，从现代中国的文化中心进入不同方言区的地域文化环境，文艺创作的语言和形式不能不随之调整。从这个意义上说，"民族形式"讨论是对作为民族国家文学的五四新文学所遭遇的地方性挑战的回应：一方面，"地方形式""方言土语"等文化地方性问题从一开始就是"民族形式"讨论的题中之义；另一方面，由于"在寻求建立现代民族国家的过程中，普遍的民族语言和超越地方性的艺术形式始终是形成文化同一性的主要方式"，地方性问题最终只能是"民族形式"讨论中的边缘或附属问题。[1] 汪晖这篇 1996 年发表的论文具有开拓性的意义，90 年代之后，在"地方"与"民族国家"互动关系的视野中考察现当代文艺，构成了一种新的研究范式；与此同时，这一范式下的具体研究所涉及的广泛文化现象，又使地方性问题看起来并不只是一个边缘问题，其在现代中国文化建构中的位置需要重新界定。或许正是由于这个原因，李松睿的著作《书写"我乡我土"：地方性与 20 世纪 40 年代中国小说》2016 年甫一出版，便受到了较为广泛的关注。

《书写"我乡我土"》发现了 20 世纪 40 年代中国文学的一个具有普遍意义的现象，"即这一时期的作家、批评家无论身处何处、面对怎样不同的政治情势，他们在构想一种超越'五四'新文学弊病，适应战争环境的'理想'文学形式时，都特别强调以地域风光、地方风俗以及方言土语等形式出

---

[1] 汪晖：《地方形式、方言土语与抗日战争时期"民族形式"的论争》，见《学人（第 10 辑）》，江苏文艺出版社，1996 年，第 271—312 页。

现的地方性特征的重要性，并纷纷选择以这一特征来塑造文学作品的感性外观。"[1]对这一文学史现象的探讨使地方文化表述与现代中国的文化建构呈现出更为复杂的关系，以政治区域为单位，《书写"我乡我土"》描绘了"地方性"在 40 年代文学中的丰富意指：国统区作家主要将文学地方性特征当作塑造民族形象进而获得世界性意义的手段；在毛泽东《在延安文艺座谈会上的讲话》发表后的解放区，地方性特征是文艺工作者改造自己的阶级感情，"与工农兵相结合"的标志；而在沦陷区，文学中的"地方"则是"一个被多种价值标准相互争夺的含混场域"。作者最后概述了这些"地方"意指在 1949 年后的迅速消失，他发现，从这个特定的历史时刻起，地方性问题对于作家而言不再是事关阶级、民族的理论和实践问题，小说里的方言土语及地方风物仅仅具有细节真实的意义。

对于文学（尤其是小说）创作的地方性问题在 1949 年后的边缘化，李松睿的解释是，随着新的统一国家的建立，强化国家认同的需要压抑了对各地文化差异的表述。这个解释其实是重申了汪晖关于 1940 年前后"民族形式"讨论中的现代民族国家建构机制的论断——"普遍的民族语言和超越

---

[1] 李松睿:《书写"我乡我土"：地方性与 20 世纪 40 年代中国小说》，上海人民出版社，2016 年，第 11—12 页。

地方性的艺术形式始终是形成文化同一性的主要方式"，只是在《书写"我乡我土"》中，这一机制起支配作用的时间被推迟了整整十年。从文化地方性问题的角度看，《书写"我乡我土"》将 1949 年再现为一种结构性突变发生的时刻，实际上封闭了自身本已打开的讨论空间。在阐述"问题意识"的导论部分，作者开宗明义地将 40 年代描述为通向新中国历史的"转折"时期："20 世纪后半段中国社会的发展走向，在很大程度上正是在这一时期被最终确定下来的。"[1] 如果 40 年代文学的地方性表述属于上述意义的"转折"年代的文化，那么这种文学表述在 1949 年前后的变化就不可能是结构的突变或断裂，而只能是具有经验积累性质的历史演变。

传统的中国现代文学史研究将所谓"第三个十年"（1937—1949 年）的文学按照政治区域划分为解放区文学、国统区文学和沦陷区文学，但作为"转折年代"，40 年代尤其是 1945 年之后的文学史，恰恰是上述区域文学格局发生变迁的历史过程，或者更确切地说，是解放区文学逐渐一统山河，发展为新中国文学的过程。像抗日战争初期一样，这一转折年代也出现了文学艺术家群体的大规模跨区域流动，但

---

[1] 李松睿：《书写"我乡我土"：地方性与 20 世纪 40 年代中国小说》，第 1—2 页。

方向截然相反，不是东部城市的左翼知识分子辗转投奔延安，而是解放区文艺工作者随军东进——40年代中期从西北和华北农村根据地进入城市及工业最密集的东北地区，40年代末又从北方解放区南下。超越区域限制的新中国文化正是在这一文化主体的流动过程中逐步全面建立起来的，解放区文艺工作者作为新中国文化的创造主体，如何接收和改造沦陷区、国统区的区域遗产，如何在对不同地方经验的处理中将诞生于特定地理环境的解放区文化发展为新的国家文化，这构成了现代中国的转折年代里最为关键的文化地方性问题。

转折年代的东北与文学地方性表述

新中国文化的创建是区域和地方文化的再造过程，但这并不意味各个地区在此过程中具有同等重要的意义，对于新中国的缔造者，各地经济、政治和文化的不平衡性正是转折年代的战略抉择的前提。在1945年抗日战争胜利前夕召开的中共七大上，作为战略问题讨论的地区问题只有一个，即"东北问题"，讨论东北就是讨论准备进行的战略转变——"由农村转变到城市，由游击战转变到正规战"[1]。打正规战必须有工业基础，工业占全国 80% 的东北地区因此至关重要，毛泽东甚至说："如果我们把现有的一切根据地都丢了，只要我们有了东北，那末中国革命就有了巩固的基础。"[2] 为了建立这个"巩固的基础"，中共中央派遣十万大军出关，其中包括"文化军队"的主力，如延安"鲁艺"几乎整体迁至东北。毛泽东在《在延安文艺座谈会上的讲话》中提出，中国革命在"文武两个战线"同时展开，除了"手里拿枪的军队"，还要有"与工农兵相结合"的"文化军队"。解放区文艺无疑是按照毛泽东关于这支"文化军队"的论述发展起来的，但由于解放区特定的经济地理，作为结合对象的"工农兵"中的"工"在 40 年代中期之前基本是缺席的。1945 年开始，解放区文艺工作者大量进入东北，也就是从农村根据地进入以大城市为中心、城市领导农村的全新地理关系中，这种新的经济和政治地理关系不是单纯补充了作为新结合对象的工人阶级，而是从整体上重塑了文艺工作者"与工农兵相结合"的

---

[1] 毛泽东：《在中国共产党第七次全国代表大会上的结论（一九四五年五月三十一日）》，见《毛泽东文集（第三卷）》，人民出版社，1996 年，第410 页。

[2] 毛泽东：《关于第七届候补中央委员选举问题（一九四五年六月十日）》，见《毛泽东文集（第三卷）》，第 426 页。

方式。在建立新中国的过程中，这种重塑具有构造新的民族国家文化和地方文化的双重面向。随着解放战争取得全面胜利，中共在全国范围内将工作重心从农村转移到城市，并由此着手实践国家工业化蓝图，东北解放区的地方性经验具有了普遍性的示范意义。另一方面，最初重塑"与工农兵相结合"的方式，将解放区文化转换升级为新中国文化的过程，也是进入东北的解放区文艺工作者接收和改造1945年之前的区域遗产，重新表述东北地方性的过程。

以1945年为界，在40年代的东北地区进行的文学活动被传统的中国现代文学史研究切分为两段，一段属于沦陷区文学，一段属于解放区文学，而1945年前漂泊关内的"东北作家群"则往往被处理为30年代国统区的文学现象，由此呈现出三条平行分殊而没有交集的"东北文学"线索。近年来，随着伪满洲国文学研究渐成热点，"东北作家群"的主要成员于1932年至1934年间在哈尔滨的文学活动被重新表述为"伪满洲国文坛"的"抵抗文学"的一部分[1]，这相当程度上复原了30年代后期到40年代前期伪满文坛的"乡土文学"作家的内在视野：梁山丁、王秋萤等"乡土文学"倡导者一方面以

---

[1] 刘晓丽：《东亚殖民主义与文学》，见刘晓丽、叶祝弟主编《创伤：东亚殖民主义与文学》，上海三联书店，2017年，第6页。

"满洲需要的是乡土文艺"为口号，一方面恰恰是在直接讨论"满洲文学"这个他们迫于时势而接受和使用的命名时，表明了承续中国"东北文学"和早期"东北作家群"（所谓"北满作家"）的历史意识。[1]值得注意的是，作为伪满文坛"乡土文学"最重要代表的梁山丁，在30年代前期正是萧军、萧红、罗烽、白朗、舒群等在哈尔滨组成的进步文学团体中的一员。1943年，梁山丁因小说《绿色的谷》遭日伪查禁抄家，被迫逃离东北，后通过中共北平地下党组织进入晋察冀解放区，1945年底作为解放区文艺工作者回到东北。在两年多的时间里，梁山丁凝缩复制了"东北作家群"的大多数成员十余年迁徙流动的轨迹——现代东北文学历史变迁的踪迹，在这种历史变迁中考察东北地方性的呈现，是以东北为中心探讨转折年代的文化地方性问题的前提。

在梁山丁的"乡土文学"代表作《绿色的谷》中，东北地方性的叙事基础是空间的二元对立，即作为"典型的东北乡村"的狼沟与因铁路而兴起的现代城市南满站的对立。[2]作

---

[1] 单援朝：《漂洋过海的日本文学：伪满殖民地文学文化研究》，社会科学文献出版社，2016年，第52—54页。

[2] 李松睿：《书写"我乡我土"：地方性与20世纪40年代中国小说》，第256页。

为小说的主要情节，南满站的日本商行通过本地买办侵占乡村土地，最终将铁路修进了狼沟，颇具反讽意味的是，正是在和买办谋划如何攫取狼沟土地时，日本商行经理特别强调自己的女儿对"满洲的乡村"的喜爱，声称想把女儿"嫁给满洲"[1]。小说中的城乡对立因此与民族对立同构，东北的地方性被等同于其前现代的乡土性，铁路和现代城市则再现为外部的入侵势力。这种地方性表述蕴含着历史的悖论：前现代乡土东北的想象本身就是现代工业文明的产物，如果没有铁路这个他者，《绿色的谷》中的狼沟就仅仅是一个特殊的地点，而不可能是代表"东北乡村"的地域典型。根据小说的交代，狼沟位于寇河（辽河的二级支流）谷地，毗邻柳条边的边门，也就是开原附近的威远堡边门。柳条边是清代统治者为封禁所谓"龙兴之地"而修建的地理屏障，其作用一方面是阻挡关内流民，一方面是区隔关外的不同地域。以"人"字形的柳条边为界，今天称作"东北"的地区在清代被区分为三大经济—文化区域，即南部辽河平原农耕区、西部草原游牧区、东部和北部森林狩猎采集区。由于这种地域区隔，直到晚清开禁放垦之前，对于绝大多数关内流民，"闯关东"仅仅意味

---

[1] 梁山丁：《绿色的谷》，春风文艺出版社，1987年，第167页。

着抵达被称为"边内"的辽河农耕地带。寇河流域的威远堡边门不仅是柳条边的门户之一，而且是上述三大区域的交汇点，因此，在《绿色的谷》对狼沟的描写中，可以同时看到农田、草甸、山林等不同的地理景观，以及耕种、打围、采山等多种生产方式。在前工业时代，这些景观和生产方式的混杂只是不同地域的边界表征，而无法指涉"东北乡村"这个当时还不存在的地域概念。促成"东北人"的整体性乡土认同的，并非"满洲"这一与清朝建立者的族称似是而非地联系在一起的外来地理概念，而是作为工业化交通线网的铁路，它使此前被柳条边分隔的自然和人文地域空前紧密地联结在一起，进而得到普遍农业开发，由此形成整体性的东北农业社会。[1] 1896 年，清政府与沙皇俄国签订《中俄密约》，

---

[1] 参见拉铁摩尔:《中国的亚洲内陆边疆》，第 70—72 页。关于"满洲"作为区域地理概念的来源，拉铁摩尔认为:"它的产生是由于 19 世纪的后半叶，若干国家在政治上企图侵略中国，首次将东北地区看作一个完整区域而以满洲称之。"这一 1930 年代的表述在第二次世界大战之后长期是海外中国研究的主流观点，1990 年代"新清史"兴起后，该新兴潮流的代表学者欧立德试图"修正"上述观点，他通过论述清朝祖源叙事中的"大盛京"（Greater Mukden），将指称整个东北地区的"满洲"概念的发明追溯为 17 世纪"中国的满洲统治者的努力"。（Mark C. Elliott, "The Limits of Tartary: Manchuria in Imperial and National Geographies", *The Journal of Asian Studies*, Vol. 59, No. 3 [Aug., 2000]）然而，欧立德所论的"大盛京"的基础只是长白山和盛京陵墓的"象征性连接"，其指涉的地理空间显然远远无法涵盖现代意义上的东北地区。

同意后者修建"大清东省铁路"（后称"中国东省铁路"，简称"中东铁路"），命名这条铁路的"东省"是最早整体描述东北地区的本土名称。从沙俄修建"中东铁路"到日俄战争后日本掌控"南满铁路"，铁路无疑是这两个帝国主义国家殖民和掠夺东北的工具，但与此同时，当时的中国政府也积极利用铁路加快对东北的移民和开发[1]。从开建铁路的19世纪末到1931年"九一八"事变前，东北人口从600万爆炸式增长至3000万[2]，作为地方社群的"东北人"很大程度上来自"近代修建铁路所促成的移民"[3]。

1931年"九一八"事变之前，东北的铁路并不完全是由外国殖民势力修建和控制的。奉系军阀在统治期间，利用本

[1] 中东铁路主要促进了东北南部人口向北迁移，而对于关内人口移入东北起了关键作用的是清政府向英国借款修建的京奉铁路，这条铁路最早修建的关内部分为本土官商投资，在向英国借款前的1894年即已修至位于山海关外的绥中。（参见谢彬：《中国铁道史》（下），知识产权出版社，2015年，第2页）

[2] 参见宋则行主编：《中国人口（辽宁分册）》，中国财政经济出版社，1987年，第50页；曹明国主编：《中国人口（吉林分册）》，中国财政经济出版社，1988年，第45页；熊映梧主编：《中国人口（黑龙江分册）》，中国财政经济出版社，1989年，第54—60页。

[3] 拉铁摩尔：《中国的亚洲内陆边疆》，第8页。顾准60年代后期的读书笔记《评Owen Lattimore:〈中国的边疆〉》（见《顾准历史笔记》，光明日报出版社，2013年，第192页）在"东北人口的增加"的小标题下直接摘录了这句话："他们是近代铁路所促成的移民。"笔者从这则笔记里第一次认识到铁路之为东北研究方法。谨此说明和致意。

土官商资本自主修建了多条铁路，其中包括 1925 年沿寇河谷地而建的开丰线，也就是《绿色的谷》中修进了狼沟的那条铁路。这条铁路在修建过程中的确曾引发关于侵占乡民土地的诉讼，奉系当局在排解这类纠纷的同时，十分警惕外国资本的渗透，为营建开丰铁路而成立的"开拓长途铁轨汽车股份有限公司"明确规定"本公司股东以中国人为限"，而奉天省长公署则一再严令彻查该公司有无"息借外债"。[1] 梁山丁在小说里将中国人自建铁路改写为日本经济侵略，将复杂交错的权力关系简化为乡村/城市、中国/日本两个同构的二元对立，这是由于讲述历史的历史情境已然变化。东北沦陷后，包括铁路在内的奉系工业悉为日本占领军侵占，1931 年之前本土工业与殖民工业竞争的格局不复存在。在伪满洲国，城市和铁路沿线是殖民化程度最高的空间，留居东北的"乡土文学"作家只能向殖民势力相对疏薄的所谓"满洲的乡村"投射地方性认同。

　　而对于漂泊异地的东北流亡作家，铁路则不仅是日本殖民东北的现实空间，同时也是记忆中已经失去的乡土的内在

---

[1]　辽宁省档案馆藏《奉天省长公署为北镇县呈西丰、开原、北镇等商人（内有郭松龄、高纪毅等官僚资本参加）集资开设长途汽车公司事》，档号：JC010-01-003900。

构成。如萧红曾专门写过东北修路工故意破坏铁道以颠覆日本人火车的故事（《旷野的呼喊》），但在她去世前不久发表的《给流亡异地的东北同胞书》中，却满怀乡愁地回忆起"黄豆像潮水似的在铁道上翻涌"[1]。除客死香港的萧红外，"东北作家群"的主要成员大多在抗战胜利后作为解放区文艺工作者重返东北，其中最先返回的是1945年11月1日率"鲁艺"东北文工团抵达沈阳的舒群。在以"归来人"身份写作的《沈阳漫记》中，他感慨自己终于"回到这首先挨了九一八第一炮的古城"，而对"古城"的具体描写却完全是以沈阳火车站、铁西工业区、南市北市等近现代工商业空间为对象的，尤其重点刻画的是火车站候车室里的流浪儿，他们没有被写成悲惨的无家可归者，而被看作是"因在伪满的封建牢狱的小犯人"在抗战胜利后"冲破一切的禁闭和束缚"而重获自由。[2]与《沈阳漫记》首先描写火车站形成呼应，几乎同时写作的《归来人》将作者当年离别"故土"凝缩为"一个人走向车站去"的时刻：让弟弟转告母亲自己一会儿就回家。[3]在

---

[1]　萧红：《给流亡异地的东北同胞书》，见章海宁主编《萧红全集·散文卷》，北京燕山出版社，2014年，第392页。

[2]　舒群：《沈阳漫记》，《知识》1946年第1期。

[3]　舒群：《归来人》，《知识》1946年第1期。

这种对离去与归来的书写中，人口流动的火车站成了东北大地本身的对应物，作为现代中国铁路网最为密集的区域，东北的旅行者往往以火车站为离家和到家的起点，生长在滨绥线铁路边的舒群对此体验尤其深切，在他作为解放区干部返乡接收和改造沦陷区文化空间的时刻，这一长期被殖民现实压抑的"乡土"经验，以看似夸张的笔触真实地涌现出来。

透过对铁路这类工业化空间的书写，舒群这样的"归来人"将当下的革命实践与自己的乡土经验及记忆相连接，而对于大多数1945年后出关的非东北籍老解放区干部而言，东北的工业地理则直接指向一个充满希望又富于挑战的未来：

这个又粗又壮的黑色怪物在纷飞的白雪中毫不在乎地穿过；一卷一卷的灰色的烟困难地在飞雪中冒起来。刘国樑站起身来望着窗外的景致，突然高兴起来。"火车究竟比牛车好的多！"他回忆起从延安出来的时候，一匹小毛驴拖个百十斤行李，一扭一颠，每天最多走七八十里地。火车只消走半点来钟，就赶上小毛驴走一天。到底是工业化好！[1]

---

[1] 草明：《火车头》，作家出版社，1954年，第29页。

这是草明的小说《火车头》中一位老区干部来到沈阳一家铁路工厂时的感受，"白雪"中的"黑色怪物"在提示新中国的工业化方向之前，首先表征着面对陌生的地方性空间的震惊体验。1947年5月和1948年11月，草明先后进入牡丹江镜泊湖发电厂和沈阳皇姑屯铁路工厂做工会工作，以这两段工作经历为基础，她写出了工业题材文学的两部开山之作《原动力》和《火车头》。这两个小说的名字既是指工业生产力，又是指历史推动力——马克思说的"革命是历史的火车头"。按照经典马克思主义的普遍命题，这两层意指的转换顺理成章，但对于初到东北的中共干部，进行这种转换，却必须首先面对一个地理性的矛盾：革命者来自经济落后的农村。《原动力》和《火车头》的一个共同主题是批评和这种地理矛盾密切相关的经验主义和官僚主义：一些关内老根据地的干部来到东北的城市和工厂，套用在农村的工作经验，不会和工人打交道，不知道如何恢复生产。这种批评也包含了作家的自我反思。从1946年到1948年辽沈战役之前，工业最发达的东北南部城市群被国民党占据，中共在东北的工作重点是进行土地改革，争取农民支持。草明最初也想和大多数干部一样下乡参加土改，但东北局的组织部长林枫却告诉她，"今后是城市领导农村"，需要作家"熟悉城市，熟悉工厂和工人阶级"，草明这才意识到"形势已经开始改变"，不再是过去的"农村包围城市"了。[1] 林枫和草明的谈话发生在 1946 年夏天东北局号召干部下乡的"七七决议"发表后不久，这次谈话不但直接促使草明转型为工业题材文学的开创者，而且间接表明了东北土改的特殊性。不同于关内老根据地的土改，东北的土改从一开始就是在"城市领导农村"的地理关系中进行的：东北局坐镇哈尔滨，进行土改的干部从城市派出，完成任务后大多又返回城市。如著名的土改小说《暴风骤雨》正是作家周立波从乡下返回哈尔滨后写作的。

在《书写"我乡我土"》中，李松睿分析了《暴风骤雨》的地方性书写的困境：为了响应毛泽东"学习群众的语言"的号召，周立波在小说中大量使用东北农村的方言土语，但这种"明显的地方性特征"却又"造成其他地区读者的阅读障碍"，以致在小说再版的过程中，作家需要不断增加注释，解释文中的方言词汇及地方风俗。[2] 值得注意的是，即使在

---

[1] 草明：《我的创作道路》，见余仁凯编《草明研究资料》，知识产权出版社，2009 年，第 189 页。

[2] 李松睿：《书写"我乡我土"：地方性与 20 世纪 40 年代中国小说》，第 191—194 页。

东北解放区,《暴风骤雨》的接受范围也极其狭窄,周立波在回复《东北日报》的读者来信时承认,没能做到把作品"拿到群众里边去审查一下"[1]。在绝大多数农民处于文盲状态的前提下,农村的日常词汇一旦形诸文字,便立刻成了其日常使用者的陌生之物,除了少数熟悉东北农村的知识分子,几乎没人能看懂《暴风骤雨》书面呈现的土话,而这些土话的注释也仅仅对知识分子和城市读者才有意义。与此形成对照,草明写《原动力》,工人既是描写对象,也是小说读者,甚至还是创作过程的参与者。尽管这部以镜泊湖发电厂为原型的小说同样是作家返回哈尔滨后创作的,但"初稿写起以后",她便"急忙拿到就近的发电厂去给工人们看",并根据工人的反馈进行修改。[2]而在《火车头》中,工人的阅读和写作进一步成了小说本身的情节,这联系着作者个人创作之外的工作——指导工人写作,从镜泊湖发电厂到皇姑屯铁路工厂,乃至新中国成立后到鞍钢,草明一直都是工人的写作教员。不同于周立波单方面拟写农民口语,草明的工业小说是在与工人读写实践的互动中完成的,具备一定读写能力的东

---

[1] 周立波:《答霜野同志》,见李华盛、胡光凡编《周立波研究资料》,知识产权出版社,2010 年,第 241 页。

[2] 草明:《写〈原动力〉的经过》,见余仁凯编《草明研究资料》,第 159 页。

北工人，需要的不是把源自乡村生活的土话变成文字，而是使用现代白话文表达在工厂和城市里的日常经验。草明从工人的表达需要出发"学习工人的语言"，主要不是学习"地方话"，而是"学习他说话时拿什么角度，什么立场去看问题，他们喜爱什么，憎恨什么，他们盼望什么，想什么"。[1]因此，尽管曾有工人帮草明修改小说中的东北方言，但《原动力》和《火车头》在语词上的地方特色还是远不如《暴风骤雨》突出。

建设中国革命的"巩固的基础"的文化实践，让解放区文艺工作者将东北的区域地理特征体验和书写为新中国的普遍时间向度，在以城市和工业为中心的文化生产环境中，作家同工人相结合，并不需要使用方言，而即使使用方言，作家也无法通过小说这种书面文学形式同农民相结合，转折年代的正反两方面经验使小说中的方言土语在1949年之后不再是"与工农兵相结合"的标志。然而，在按照毛泽东的"文化军队"论述发展起来的解放区文艺乃至新中国文艺中，小说代表的书面文学只是"兵种"之一，方言土语在这个特定文艺"兵种"中的去职能化，并不意味着，文艺的地方形式

---

[1] 草明：《工人给我的启示》，见余仁凯编《草明研究资料》，第130页。

和地方表象不再是阶级与民族的表征。

新中国的东北文化工业基地及其"地方民间形式"生产

40年代的解放区作家试图掌握农民的语言，以使作品为农民"喜闻乐见"，除了毛泽东《在延安文艺座谈会上的讲话》作为理论指导，实践上则是以"赵树理方向"为示范性参照的。但赵树理小说在解放区农民中的传播，主要不是通过书面阅读，而是通过农民习惯的"听书看戏"，基于作家自觉借鉴传统民间说唱所创造的特殊文体，他的小说被改编为各种地方曲艺和戏曲。与此形成对照，周立波的《暴风骤雨》在上卷结尾描写了元茂屯农民唱二人转欢庆胜利的场景，却没有将这种田间地头的说唱表演形式吸收转化为小说本身的形式——让这部小说被其书写对象"喜闻乐见"的前提。然而另一方面，在创作《暴风骤雨》上卷的1947至1948年间，写小说其实是周立波利用业余时间从事的副业，他的本职工作是编辑《松江农民》报，这份综合性报纸上刊载了大量东北解放区文艺工作者创作的"民间文艺"作品，此时的周立波不只是小说家，还是二人转唱词作者和东北"民间文艺"

运动的推动者。[1] 相对于单纯书面呈现的小说，以地方说唱表演形式为基础再生产的"民间文艺"无疑是更直接、更广泛的政治动员的媒介，在 40 年代的解放区，几乎所有"兵种"的文艺工作者都不同程度地参与了所在地区的"民间文艺"的再生产。而在 1949 年新中国成立之后，作为统一的"人民中国"的政治动员媒介，"民间文艺"的地方身份和地方形式非但没有被压抑，反而是被进一步建构和推广的对象。

1951 年，中华人民共和国政务院发布《关于戏曲改革工作的指示》，明确提出将"地方戏"作为"主要改革与发展对象"。该指示下达后，一些原本在地区内部十分边缘的说唱形式具有了指涉整个地区的"地方性"。在原"鲁艺"干部王铁夫 1951—1955 年写作的《东北二人转研究》中，这种"地方戏"的历史地理建构可见一斑：

在东北二人转的发展过程中，同样也充满了尖锐的阶级斗争。清朝、民国、伪满，这三个时期的地主、警察、官吏，都百般限制、打击二人转艺人的活动。但人民却给

---

[1] 参见李华盛、胡光凡：《周立波生平年表》《周立波在东北》，见李华盛、胡光凡编《周立波研究资料》，第 29 页，第 111—112 页；郭永涛收集整理：《周立波学唱二人转》，见《中国土改文化第一村》，中共尚志市委宣传部等单位内部出版，2003 年，第 108—115 页。

艺人以热情的支持和帮助。例如有的艺人，常由城镇被赶到乡村，由村里被赶到村外，最后被赶到山野、荒地、树林、坟圈中去。但是群众总能设法掩护艺人的演出。[1]

在新中国成立前的东北城市乃至城镇，很难看到二人转。按照"民间文艺"叙事的逻辑，二人转的这种地理边缘性是旧中国的阶级结构的表征，而二人转进城，则意味着新中国让底层人民翻身做主。1948年11月东北全境解放后不久，沈阳就出现了在剧场演出的二人转剧团，这座区域中心城市很快成为"改革与发展"东北"地方民间文艺"的基地。经此转折，"城、乡、村、野……"的地理表述，再现的不只是二人转过去遭受排斥的历史，更是获得再生产的"地方形式"被推广传播的线路图，通过这种再生产和推广，新的文化地方性与新中国的政治动员一道深入到最偏远的角落。如梁山丁在《绿色的谷》中描写过的威远堡在1948年成为开原县第九区人民政府所在地，同时成立了第九区剧团，"剧种、曲种有二人转、评剧、话剧、拉场戏、快板、拉洋片"[2]。尽管文艺形式众多，但从1951年开始只有二人转在当地被称为"地

---

[1] 王铁夫：《东北二人转研究》，辽宁人民出版社，1956年，第11页。
[2] 高墨林、高清林：《莲花地方志》，辽宁人民出版社，2015年，第223页。

方戏"，直至三十多年后，当年第九区最边缘的山村莲花村（1941 年才从吉林省伊通县划入开原县）走出了作为"开原—铁岭—辽宁—东北民间文化"代表的二人转演员赵本山 [1]。在赵本山向全国观众展示的东北二人转中，转八角手绢几乎成了最核心的"地方戏"绝活儿，而除了历史的亲历者很少有人知道，这种如今已家喻户晓的"地方民间形式"其实是新中国成立后由沈阳的文艺工作者塑造定型，并通过文艺会演、专家下基层等途径向东北各地推广传播的 [2]。

　　尽管二人转在新中国建构文化地方性的语境中成了东北"地方戏"，但在整个 50—70 年代，它在东北的文化生产系统中仍然只是一种边缘性的文艺形式，这是因为转折年代——40 年代中期到 50 年代初的历史已然规定了东北在新中国文化生产中的位置和职能。随着 1949 年全国革命取得胜利，大量解

---

[1]　1993 年除夕，赵本山在小品《老拜年》中第一次将二人转带上了中央电视台春节晚会，在当晚的小品中，二人转并不叫"二人转"，而是被称作"地方戏"。值得注意的是，二人转在新中国成立前并无定名，"二人转"一名最早见于 20 世纪 30 年代，但并不普及，其流传最广的名称是"蹦蹦"，50 年代初政府发展"地方戏"，蹦蹦遂改称"地方戏"或"东北地方戏"，后经王铁夫提议，正式定名"二人转"，并在全东北推广。（参见耿瑛：《正说东北二人转》，春风文艺出版社，2008 年，第 5 页）换言之，二人转在正式成为"二人转"之前便已经是"地方戏"了。

[2]　参见中央电视台科教频道《人物》2010 年第 34 期《二人转舞蹈家马力（下）》中马力等人的口述。

放区文艺工作者从东北南下，但中国革命文化主力军的基本建制却在这一区域保留和延续下来。如1945年后从延安迁移到东北的鲁迅艺术文学院，1946年，由原文学系主任舒群带队接收和改造"满映"，建立东北电影制片厂；1948年底，转战东北各地的"鲁艺"各文工团汇聚沈阳，成立东北鲁迅文艺学院，恢复办学；1951年，"鲁艺"实验剧团和实验音工团组建为东北人民艺术剧院；1953年，东北鲁迅文艺学院改为分科办学，以音乐部和美术部为基础分别建立东北音乐专科学校和东北美术专科学校，戏剧部并入东北人民艺术剧院；1954至1958年，东北人民艺术剧院、东北电影制片厂、东北音乐专科学校和东北美术专科学校分别更名为辽宁人民艺术剧院、长春电影制片厂、沈阳音乐学院和鲁迅美术学院。这些新中国文化生产的骨干单位虽然扎根东北地区，但其主要生产任务却不是再现东北自身的地方形象，而是书写整个国家的政治—文化主体，同时为全国各地的文化生产提供技术和人才支持。从这个意义上说，50—70年代的东北不仅是工业上的"共和国长子"，而且是中华人民共和国的文化工业基地。

再现"人民中国"的地方民间文化的多样性，是东北文化工业基地的一项重要生产任务。以被誉为"新中国电影的摇篮"的长春电影制片厂为例，长影从1953年开始生产戏曲片，直至 1966 年因"文革"而中断，13 年间共出品（除 5 部京剧影片外）地方戏曲片 29 部，涵盖评剧、汉剧、桂剧、晋剧、豫剧、河北梆子、吕剧、秦腔、滇剧、蒲剧、河南曲剧、弋阳腔、莆仙剧、老调、丝弦剧、郿鄠剧、上党梆子、越剧、昆剧、四川弹戏等 21 个剧种。其中，直到 1965 年拍摄《白日新歌》，长影才把东北二人转这一本地地方戏搬上银幕。[1] 除了地方戏曲片，长影还有影响更加深远的一类中国地方民间文艺表述，即从 1950 年开始拍摄的边疆少数民族风光歌舞片，从《内蒙人民的胜利》《冰山上的来客》到《五朵金花》《刘三姐》。从内蒙古、新疆到云南、广西，正是通过东北电影工业，新中国观众直观具象地体认到自己生活在一个疆域辽阔、民族众多、文化多样的统一多民族国家里。长影的少数民族风光歌舞片连同地方戏曲片，使民间文艺的地方形式真正超越了地域的局限，各地各族群众不再只是本地歌舞戏曲的受众和参与者，而是在互相观看、互相聆听、互学互唱中彼此认识并重新认识自身，由此实现对"中国各族人民"这一新中国的政治—文化主体的认同。

　　作为这种主体建构和认同的中介，东北的文化生产者

---

[1]　参见刘丽娟主编：《长春电影制片厂艺术影片汇编》，吉林人民出版社，2011 年，第 26—186 页。

（艺术家和文化生产单位）与国家本身的形象高度同一，几乎完全屏蔽了自身的地方性，但是这并不意味着该生产者一定直接隶属于中央政府部门。在社会主义计划经济时期，长春电影制片厂的隶属关系在文化部和吉林省之间几经变更。[1] 1958 年 6 月到 1963 年 1 月，长影第一次被下放给吉林省领导，而正是在这一时期，该厂拍摄了迄今影响最大的两部西南少数民族风光歌舞片《五朵金花》和《刘三姐》。其中前者可以看作是一部"元电影"，即关于长影的文化地方性书写本身的电影，影片中，长影的两位艺术家来到大理采风，与寻找心上人金花的剑川青年阿鹏在苍山洱海结伴而行，这两个视点人物没有表现出任何吉林地方特征，而是作为国家文艺工作者引领全国观众观看大理风光和白族文化。由此可以发现，作为整个统一多民族国家的文化工业基地，东北的主流文化生产者的功能角色并不受单位行政属地化的限定。

1954 年，作为行政区的东北大区撤销，1949 年设置的东北六省改划为辽宁、吉林和黑龙江东北三省，50 年代末 60 年代初，吉林省和黑龙江省分别以二人转为基础建构出吉剧和龙江剧。这两种"省剧"在吉黑两省的实际文化生产中甚至

---

[1]　参见胡昶主编：《长春市志·电影志》，东北师范大学出版社，1992 年，第 26 页。

比二人转还要边缘，以致它们在省外一直鲜为人知。与此形成鲜明对照的是东北的文化生产单位帮助外地新行政区再生产的"地方民间形式"，同样是在50年代末60年代初，受刚刚成立的广西僮族（1965年"僮"字改为"壮"字）自治区的邀请，长春电影制片厂在广西同名彩调的基础上拍摄了电影《刘三姐》，刘三姐及其代表的广西壮族歌唱文化很快在全国范围内家喻户晓。

东北文化工业是其他地域（尤其是边疆少数民族地区）的民间文艺的有力推广者，却始终没有以同样的力度让本地地方戏获得全国性的影响——直至东北工业基地及其文化生产随着市场化时代的来临整体衰落，东北二人转才异军突起——这种不平衡的对区域内外地方文化的推广，正体现着50—70年代以平衡发展为特征的社会主义经济和文化地理关系。在现代中国文化的转折年代，东北最早建立起以社会主义城市文化工业吸收、变革和发展"地方民间形式"的文化生产方式，这种先进的生产方式没有被用于本地资本和象征资本的积累，也没有被用于在工业中心和前工业化的边缘地区之间建立单纯再现与被再现的主客体关系，而是几乎从一开始就构成了跨区域的共同文化发展的基础。1950年，东北电影制片厂拍摄了新中国第一部少数民族风光歌舞片《内蒙人民的胜利》，影片的主演之一广布道尔基被东影（长影）培养为第一位蒙古族导演，60年代初调入长影援建的内蒙古电影制片厂，70年代中期又调入同样由长影援建的广西电影制片厂，执导了广西解放后出品的第一部故事片《主课》，而该片的摄影广西本地艺术家蒙雄强则是当年电影《刘三姐》的副摄影，他正是从那时开始跟随长影艺术家学习故事片拍摄的[1]。除了直接援建电影制片厂，东北电影工业每次再生产边疆民间文艺的过程，几乎都是通过技术传播和人才培训为边疆的现代文化工业奠定基础的过程。从这个意义上说，在跨地区的新中国地方文艺生产形成的背后，是以互助与共享而非竞争与垄断为核心逻辑的区域资源配置关系的普遍建立。

---

[1] 参见蒙雄强：《影坛学步忆当年》，《民族艺术》1991年第3期。

第三章　历史媒介地理与讲故事的艺术

"追车回电"的说书人

　　从丹东开往北京的快车眼看就要到锦州车站了。这个时候正是过半夜一点多钟，车厢里的旅客随着列车有节奏地振动——哐哐哐，哐哐哐……——差不多都睡了。在 6 号车厢从门口往里数第三个座靠外边，有位老大娘坐那儿还没睡。这位大娘有 60 多岁年纪，穿着青色的上衣、蓝色的裤子，脚下是青鞋白袜子。[1]

　　这是评书艺术家田连元的成名作《追车回电》的开头。

---

[1]　笔者所见（听）到的评书《追车回电》大致有三个版本，即 1965 年录音版、《辽宁日报》（1966 年 1 月 12 日）版、《中国新文艺大系·曲艺集（1949—1966）》（中国文联出版社，1990 年）版。两个文字版本与录音版有不同程度的差异，这里引用的是录音版，下同。

在 1965 年辽宁省"说新唱新"曲艺大会演上，24 岁的田连元凭借自己创作的《追车回电》脱颖而出，录音在中央人民广播电台播放，文稿发表于《辽宁日报》（更接近录音的另一文字版本后来入选《中国新文艺大系·曲艺集》），不仅开启了一位年轻说书人成为曲艺名家的历程，也标志着一种新型讲故事的艺术及其写作—表演主体的诞生。而这种艺术创新的历史地理起源几乎从一开头便显现在作品的肌理中。

田连元当时是本溪市曲艺团的青年评书演员，从属地角度看，《追车回电》是说书人讲述自己城市的故事，但这座城市不是孤立再现的，而是在与其他城市的媒介关系网络中展开自身的叙事：一位本溪老大娘的女儿女婿调到了成都工作，她乘火车去探亲——先直达北京，再转车去成都——在火车快到锦州时，发现写着女儿家地址的信皮忘在家里了，列车长让沿线车站的值班员用铁路专线电话通知本溪站，本溪站的工作人员骑自行车到老大娘家取信皮，再把信皮上的地址通过电话回传给列车将要抵达的下一站，经过若干波折，终于在车到北京之前把地址传递给了老大娘。

本溪是故事起始的地点，也是信息回返和再发出的原点，但《追车回电》地理叙事的起点却在这个原点之前，即本溪之前的始发站丹东。作品的开篇——"从丹东开往北京的快车眼看就要到锦州车站了"，不仅是对主人公搭乘的交通工具的描述，而且是城市的区域地理位置和区域本身的媒介特征的再现。丹东、本溪、锦州分别位于辽宁省的东南、中南、西南，呈斜三角形分布，将它们连接在一起的，是以省会沈阳为交会点的两条铁路——沈丹线和京沈线，城市群和铁路网彼此指涉。其中，沈丹铁路旧名"安奉铁路"，始建于1904—1905年间，南起毗邻朝鲜的安东（今丹东），北抵奉天（今沈阳）与中东铁路相接，最初被同沙俄交战的日本用于军事目的，日俄战争后，和中东铁路南部支线（改称"南满铁路"）一起成为日本掠夺中国东北经济资源的主要交通设施。本溪是安奉铁路沿线兴起的重要工矿城市。1905年，日本军需供应商大仓财阀派员随军进入本溪湖（"本溪"即得名于"本溪湖"）地区，开办"本溪湖煤矿"。次年，清政府设本溪县，并与日本交涉矿权，于1911年成立中日合办的"本溪湖煤铁有限公司"。奉系军阀主政东北后，张作霖、张学良父子相继成为该公司的中方股东。像东北铁路沿线的工矿业一样，奉系时代的铁路线网也体现着本土官僚资本与外国殖民资本的斗争、妥协与合作。除了掌控建于清末、包含英国资本的京奉铁路（1929年改称"平沈"或"北宁"铁路，即今京沈线），奉系军阀统治东北期间以官办、商办、中外合办等形式修建了十多条铁路，既与日本"满铁"等殖民机构勾结，又通过铁路竞争与之展开资本竞逐，作为欧亚工业资本竞逐前沿的东北因而也是中国铁路网最为密集的区域。

从时间上看，东北铁路网及沿线城市群形成的过程，大致与评书从关内传入东北的过程重合。当代用汉语普通话表演的评书有两大文类派别起源，一是晚清北京评书，一是同一时期流行于河北的西河鼓书，两派艺人自清末至民国大规模流入东北，是以铁路为媒介的移民潮的一部分。以后来的"评书四大家"——袁阔成、田连元、单田芳和刘兰芳——为例，其中三人在东北的早期经历都展现着上述流动的媒介特征。出身西河鼓书世家的田连元籍贯为河北盐山，出生在长春（南满铁路和中东铁路的分界，东北铁路系统的南北枢纽），最早有记忆的地方是四平（南满铁路和四洮线、四梅线的交会点）。[1] 同出西河门的单田芳生于天津，最初记事时生活在齐齐哈尔，他童年和青少年时期随父母在东北城市间来回搬家的路线——从齐齐哈尔到吉林（市），南下沈阳，又北上折向长春[2]，恰好指涉东北铁路史的不同脉络：晚清政府的自建铁路（齐昂铁路）、沙皇俄国修建的铁路（中东铁路）、

---

[1]　参见田连元：《田连元自传》，新华出版社，2011年。

[2]　参见单田芳：《言归正传：单田芳说单田芳》，中国工人出版社，2011年。

晚清政府向日本借款修建的铁路（吉长铁路）、奉系军阀的自建铁路（沈海—吉海铁路）、在俄日殖民者之间易手的铁路（南满铁路）。40 年代中后期，当 1934 年出生的单田芳、1941 年出生的田连元还在随流动说书的父辈迁徙时，1929 年出生的袁阔成已作为北京评书"袁氏三杰"的传人在沈阳独立登台，随后沿平沈铁路（其间曾因战时火车中断一度徒步和乘马车）逐城献艺：新民、锦州、山海关、秦皇岛、唐山……[1] 其轨迹反向展现着评书北传的交通地理。但另一方面，在流动说书卖艺的时代，说书人一旦走出火车站，进入茶社或书场，传统文化空间便割断了其文化主体的流动经验，换言之，评书借以传播的区域媒介地理长期被排除在说书人的"书"外。

当代媒介经验成为评书艺术生产的有机构成是以生产方式的变革为前提的。根据单田芳的解释，传统说书人的普遍流动卖艺与其故事生产力水平密切相关，一个说书人一生只会说一部书或几部书，不可能对着一个地方的听众反复讲，"所以必须流动到其他的地方去说书"[2]。在师徒口耳相传的生产方式下，说书人一般只能讲从师门聆受的老故事。而五六十年代形成的

---

[1]　参见袁俊贤审定，李娟娟编著：《袁阔成传》，青岛出版社，2018 年。

[2]　单田芳：《言归正传：单田芳说单田芳》，第 3 页。

社会主义文化生产方式，一方面以单位制文艺院团和跨单位的文艺会演作为艺术资源交流整合的空间，彻底打破传统门派师承的壁垒，另一方面通过包含思想改造的文化普及教育，使基于阅读的二度创作成为说书人新的普遍生产能力，从此说书不再是说"听来的书"，而是说"读来的书"。1964年，已是营口市曲艺团副团长、第三次全国文代会代表的袁阔成发表《评书演员话今昔》一文，在对新旧社会说书人经验的对比中，将自己的三年夜校学习理解为党培养说"新书"的革命文艺工作者的重要环节。[1]在上一年由辽宁省曲协举办的"新书座谈会"上，袁阔成表演的《许云峰赴宴》(《红岩》片段）成为全省评书演员学习的典范，评论家注意到，他的表演"吸收了话剧的手法，也吸收了电影、山东快书、相声以及漫画的某些东西"[2]。山东快书、相声等是评书的传统姊妹艺术，而话剧、电影、漫画等则意味着全新的参照系。"新书"革命在评书艺术史上的意义不仅在于引入新的题材（现代题材，尤其是现代革命题材），影响更为深远的是，通过内容革新推动重构了"书"的生产方式和呈现方式，即以说书人的阅读能力为基础，以书面文学为脚本，广泛借鉴各种现代媒介艺术作为改编—表演手段。

---

[1]　袁阔成:《评书演员话今昔》,《辽宁日报》1964年1月26日。

[2]　耿瑛:《喜听新评书三段》,《辽宁日报》1964年1月3日。

如果说袁阔成代表着评书由师徒口耳传习的艺术向阅读者二度创作的艺术的转变，那么更年轻一代（在新中国接受正式学校教育，具备读写能力后成为评书演员）的田连元则是"读者评书"向"作者评书"迅速推进的代表：说书人不再只是对既有的书面文学作品进行二度创作，而是像作家一样创作文学作品。从《追车回电》（1965）到《贾科长买马》（1978），青年到中青年时期的田连元创作和发表了一系列有影响的现代短篇评书，他是仅有的两位以两个时代——"十七年"和新时期——的代表作入选《中国新文艺大系·曲艺集》的评书作者之一（另一位是专门从事评书写作的曲艺作家范乃仲）。作为写作—表演主体，他不仅参照现代媒介艺术丰富表演手段，而且直接借重当代生活媒介构思作品。

　　据田连元回忆，评书《追车回电》的故事原型来自《辽宁日报》上一篇二三百字的同名新闻报道，在偶然读到这篇报道后，他找到了被报道的那列火车的列车长，在列车上当起了乘务员，经过实地调研、体验和艺术虚构创作出评书《追车回电》，在全省曲艺大会演中表演后，又发表在《辽宁日报》上。[1] 以报纸新闻作为创作小说等虚构性文学作品

---

[1]　田连元：《田连元自传》，第84—87页。

的素材，是近代世界文学史中的常例，但致力于"写实"的19世纪经典作家，一般却不会在读到新闻后去事发地找当事人，在真实交往乃至角色践履中感受其经验。这可以从本尼迪克特·安德森（Benedict Anderson）的"想象的共同体"（imagined communities）命题中获得解释，该命题的基础是依托于媒介同一性的抽象时间共同性想象，就此而言，和小说共享印刷媒介的报纸新闻同样具有"虚拟想象性质"（fictiveness）：读报的人不认识新闻事件中的当事人，读同一份报纸的人们也大多互不相识，正如报纸上不同事件中的当事人不知道彼此，但这并不影响读者确信自己正在和所有这些陌生人步调一致地在同质空洞的时间中前行。[1] 安德森的论述试图揭示民族国家想象的一般现代性条件，而评书《追车回电》则显现了一种另类现代性的共同体想象的不同前提，即将单一媒介环境中对时间共同性的抽象理解，置换为对多样、非匀质的媒介／时间经验的具体连接。

《追车回电》中最直观的两种媒介无疑是铁路和电话，电话的速度瞬间超越火车的速度，这种时间经验的对照不仅是评书的故事内容，而且是其结构性的叙事节奏，节奏在此突

---

[1] ［美］本尼迪克特·安德森：《想象的共同体：民族主义的起源与散布》，吴叡人译，上海人民出版社，2005年，第30—32页。

破了传统评书"有话则长，无话则短"的程式概念，以媒介特性作为新的依据。杰拉尔·日奈特（Gerald Genette）曾区分出四种不同速度的叙述运动，即无限速度的"省略"（以近乎为零的叙事长度再现一定的故事时长）、绝对慢速的"休止"（静态描写），以及位于这两种极端之间的"场景"（故事实况呈现）、"概略"（往往是场景间的过渡）。[1] 在《追车回电》中，电话和火车的媒介／时间对照表现为"省略"和"概略"的对比节奏：

> 火车到天津停车 15 分，由打天津站开出来，眼看进入北京市区啦！这个时候，列车员小王和列车长一起走进车厢，小王一个高蹿过来："大娘，您地址要来了……"

火车行驶与停车的时间都只概略为一两个短句，而电话线两端的通话过程干脆被省略，其间传递的信息直接作为结果呈现在紧接着概略的场景开头。一个高速度被另一个更高的速度赶超，这种叙事节奏相当典型地表征着现代性的媒介／

---

[1] ［法］杰拉尔·日奈特：《论叙事文话语——方法论》，杨志棠译，见张寅德编选《叙述学研究》，中国社会科学出版社，1989 年，第 216—224 页。

时间经验，《追车回电》的标题因而既是对故事情节的概括，也是一个高度风格化的题目——同时凝聚了历史与叙事的节奏风格。

不过，上述节奏只是《追车回电》的"梁"节奏。用说书人自身的术语来说，完整的评书"有梁有扣"，"梁"（或称"书梁子"）是叙事的基本走向或粗坯结构，"扣"是叙事展开过程中的悬念，有机的"梁—扣"组合形成肌理饱满的作品结构。《追车回电》的书梁子基于媒介／时间常识——电话比火车速度快，而其最吸引人的扣子恰恰在于电话可能赶不上火车。构造这种扣子的，首先是媒介环境的不平衡性。作品中的电话是铁路专线电话，信息传递的一端是京沈线锦州以南的沿线站点，但另一端却不是老大娘上车的本溪站，而是她放信皮的家——没有电话的普通工人家庭，本溪站的值班员要骑自行车去取信皮。自行车与电话、火车的速度差不言而喻，然而，以更快速度赶超特快列车的叙事节奏并未因此改变：

（值班员小孟）打开自行车锁，骗腿儿上了自行车，一猫腰——到了。

从媒介史来看，自行车和火车共同属于轮子应用的谱系，麦克卢汉（Marshall McLuhan）将电影也放到这个谱系来观察："轮子最先进和最复杂的应用之一，发生在电影摄影机和电影放映机里。……通过把机械原理推到反转点，电影再造了有机的过程和运动……"[1] 只有在电影再造的反转机械原理的有机运动世界里，自行车轮才能赶超火车轮子的速度而不失其逼真。参照电影语言来看《追车回电》的叙事节奏，运动和空间转换有如蒙太奇剪辑：小孟骑车到达了目的地，叙述运动随之由省略降速为场景，在对话场景中，小孟得知自己找到的并不是火车上那位老大娘的家，叙述再度骤然增速——"这边着急，那边火车已经离开唐山车站，驶向天津。"值得注意的是，这种转换不能理解为格里菲斯（D. W. Griffith）"最后一分钟营救"式的平行蒙太奇，如爱森斯坦（Sergei M. Eisenstein）所指出，平行蒙太奇忽视了节奏"统一的有机性"，即蒙太奇是作为蒙太奇细胞的镜头由于内部张力而发生细胞分裂后形成的重组、撞击和意义生产。[2]

---

[1] Marshall McLuhan, *Understanding Media*, London: The MIT Press, 1994, pp.181–182.

[2] ［苏］爱森斯坦：《狄更斯、格里菲斯和我们》，见［苏］尤列涅夫编《爱森斯坦论文选集》，魏边实等译，中国电影出版社，1962年，第260—261页。

《追车回电》的开篇正是内含张力的蒙太奇细胞——铁路夜行快车和独自出行的老人构成的媒介与主体的对立统一。评书的"梁"与"扣"都是这种对立统一的再生产:乘务组不放心老人夜里下车返程取信皮,"追车回电"由此驱动;铁路有专线电话,老大娘家没电话,"追车回电"因此有了悬念;小孟骑行迅速,却没抵达正确地点,因为老人在火车上着慌,把街道名称的前后两个字说颠倒了……火车、电话、书信、口信、自行车、老大娘、年轻的铁路工作人员等在速度 / 时间经验上不同质的媒介和主体,在不断变化的具体连接中生产着共同的节奏,有机的共同体展现于殊异接合、持续克服不平衡的运动过程。这一叙述运动过程是以相同逻辑的社会实践过程为背景的。

从作品中的火车站名"从丹东开往北京"来看,1965 年创作的《追车回电》的故事时间就设定在这一年(1965 年,"安东"改名为"丹东"),评书里老人的做钳工的女婿在上一年从本溪调往成都,重构中国工业地理的三线建设恰好在 1964 年正式展开,可以看作故事的直接历史背景。而本溪所在的辽中南城市群作为中国最早的重工业区域,对其他地区工业建设的支援从 50 年代便已开始,一直延续到改革开放初期。以本溪钢铁公司为例,从 50 年代初到 1985 年,本钢向全国各地援助干部、技术工人等共计约 4 万人，其中，仅"一五"期间就援助了 24 个省市 40 个单位。[1] 这种平衡工业地理布局的人员及技术、设备流动，一方面要克服流动媒介的不平衡，另一方面又是发展被支援地区的交通基础设施，更新主体—媒介的连接方式的过程，由此形成跨区域的统一现代化节奏。1958 年，四川第一条联系全国线网的铁路——宝成铁路正式通车，这成为《追车回电》的叙事前提——本溪老大娘坐火车去成都探亲的现实基础。

评书《追车回电》在 20 世纪五六十年代的特定背景下诞生，它所体现的节奏风格在 80 年代真正绽放异彩。1985 年，田连元在辽宁电视台录制评书《杨家将》，成为电视长篇评书的历史第一人。电视评书有两个主要参照物。一是广播评书即电台长篇连播，与之相比，电视评书连播除了平添视觉维度，一个重要的变化是，每回书的标准时长缩减了三分之一（由半小时减为 20 分钟），说书人需要调整"梁—扣"结构，在更短时间内以更迅捷的节奏讲出相对完整的故事。另一个参照物是方兴未艾的电视连续剧，评书连播需要在叙事吸引力上与之竞争，强化叙述运动的速度转换与对比。基于在现

---

[1] 本钢史志办公室编：《本钢志》第一卷（中），辽宁人民出版社，1992 年，第 131 页。

代短篇评书写作—表演中锻炼的技艺——"追车回电"式的节奏蒙太奇（《追车回电》的时长只有 13 分钟），田连元不仅是电视评书连播的第一位说书人，而且使《杨家将》成为电视评书最高艺术水准的代表。以节奏蒙太奇演绎在 60 年代评书革命中被边缘化的传统故事，这既是新时期的表征，也是所去不远的革命的回响。

从媒介"中原"到景观"东北"

田连元的电视评书《杨家将》是从北宋太宗年间的"特号新闻"——潘杨讼讲起的。"特号新闻"是说书人直接使用的修辞，第一回书的叙事犹如一部新闻调查纪录片的展开。首先是两条震动舆论的短讯：八贤王御妹丈杨延昭状告皇帝岳父太师潘仁美；主审官刘玉因受贿"开后门"被八王用金锏打死，满朝官员没人敢继任审案。紧接着是朝会实况片段——若干短镜头的快速剪辑（模仿多个角色的声音—神态转换如同镜头切换）：

（皇帝）问这个，这个说："臣才疏学浅。"

问那个，那个说："臣孤陋寡闻。"

问年轻的，年轻的说："臣浅薄无知。"

问上岁数的，上岁数的说："臣年老多病。"

最后皇上问八千岁赵德芳："德芳，打死刘玉，谁来问案？"八千岁说："陛下，朝中无人，朝外寻找；朝外无人，州城寻找；州城无人，县镇寻找；县镇无人，庶民寻找。我想这大宋国朝定有贤才。"

最后一个镜头中的话语引出了对潘杨讼的第二任主审官——以善断疑案闻名的山西霞谷县令寇准的选调。第一回中，寇准并没有直接出场，但他的神断形象已经以口碑的形式呈现了出来：钦差崔文在霞谷县听店小二讲述了寇准"审葫芦"的传奇。故事中人成为讲故事和听故事的人，是田连元版《杨家将》（尤其是潘杨讼系列）中一个显著的"元说书"现象。本雅明（Walter Benjamin）在《讲故事的人》中指出，"人们口口相传的经验是所有讲故事的人都要汲取养分的源泉"，而依托印刷媒介的小说的兴起则是近现代历史中经验贬值、社群消散的征候："讲故事的人所讲述的取自经验——亲身经验或别人转述的经验，他又使之成为听他故事的人的经验。小说家把自己孤立于别人。小说的诞生地是孤立的个人……"[1]另一方面，本雅明又在技术复制时代的大众文学形式中看到了重建有机性的社群文化的潜能："具有意义的文学效应只会在行动与写作的严格交替中诞生，它必须在传单、宣传小册子、杂志文章和广告中培育出一些不显眼的形式。与书籍精致而千篇一律的姿态不同，这些形式更能在活生生的社群里发生影响。"[2]借鉴本雅明蕴含内在对话性的两方面思考，可以发现，以节奏蒙太奇演绎的电视评书《杨家将》，正是结合现代性媒介的有机社群中的讲故事的艺术。仅仅在《杨家将》的第一回里，就出现了两次经验流转的自我指涉——"元说书"（同时关于说与听）的场景，除了上述店小二给崔文讲寇准断案的故事，另一场景是霞谷县百姓对崔文一行人的围观议论：

　　　"哎，我说，这几位是哪儿来的？"

　　　"这几位，甭问，大地方来的。"

　　　"你瞧人家长的，肉皮怎么那么细，油光光的。"

---

[1] 〔德〕瓦尔特·本雅明：《讲故事的人》，张耀平译，见陈永国、马海良编《本雅明文选》，中国社会科学出版社，1999年，第304—308页。

[2] 〔德〕瓦尔特·本雅明：《单向街》，王涌译，中信出版集团，2021年，第1页。

"你哪知道，人家肉皮细，人家吃嘛啊，吃的也细啊。"

"他们都吃什么？"

"吃什么，人家吃那玩意儿咱都没见过。我告诉你，我听说啊，就人家这大官，吃那大米饭，蒸熟了之后，拿细铁丝，一个粒一个粒地都穿成眼儿，然后把肉磨成末，和好了佐料，往那眼儿里灌……"

霞谷群众传言的大官膳食在细节上听起来不经，却与同一回书里崔文等人的真实旅程对位互文：

从东京汴梁到霞谷县，沿途州城府县所有的地方官，一听说崔文出朝，把这位要是溜须好了，升官晋级就是一句话啊！这些地方官员们使出全身的解数，拿出了压箱底的本事，一个个是跷着脚地打溜须，蹦着高地拍马屁。崔文所到之处，远接近迎，馆驿下榻，肉山酒海，山珍海味，赠送礼品，贡献土特产。崔文这二十多人，一路上是马褥套越来越鼓，腮帮子越来越胖，出门上火没掉膘，七天长了五斤半。

因此，口耳相传"我听说"的，是一个分享真实经验的社群。这个在故事里讲故事和听故事的社群，回应和再生产着电视机前听评书的经验共同体，后者正在走出物资匮乏的年代，与此同时，面对日渐盛行的"吃喝送礼风"，社群基层成员以此为中介感知着他们无法直接看到的"特权"。1985 年录制播出的《杨家将》从第一回便显现出评书之于新时期初期的社会共同经验的有机性。[1]

第一回中另一个讲故事的场景——店小二讲述寇准的断案传奇，与整部书的主线关联更为密切。从前期审理潘杨讼到后期智斗王强，电视评书《杨家将》中的寇准成为与杨六郎（作为评书题名的"杨家将"的代表）在角色分量上平分秋色的主人公，始终以自己善断疑难的智慧，锄奸平冤，救护忠良。这一情节主线设置（与杨家将抗辽的故事线索相互交织）所体现的说书人与社群经验的互动，参照新时期评书的另一代表作——刘兰芳的广播评书《岳飞传》——更显分明。

刘兰芳的《岳飞传》于 1979 年在鞍山人民广播电台录制

---

[1]　电视评书《杨家将》1985 年在辽宁电视台首播，反响热烈，此后交流到外地电视台（先后在全国 20 多个省、市、自治区播出），1987 年在北京电视台播出，轰动京城。

首播，随后在全国各地 60 多家电台播出，引起空前轰动。刘兰芳当时解释《岳飞传》的轰动效应，将岳飞的遭遇直接与"文革"中的含冤蒙难者联系起来，认为这部评书引起的普遍共鸣是人们"借说书人之口，泄自己胸中的积郁，以表悼念忠烈之情"[1]。她的这一解释呼应着许多具体的听众来信反馈，如一位武汉听众这样写道："前天听到岳飞父子等三人被害惨死，特别是岳飞临行前漫天降雪的一段独白，使我这几天都非常痛苦。这些英雄好像我的亲父兄一样牵动着我的心哪！联想起'文化大革命'中一位位含冤而死的同志，我的泪水再也止不住了。"[2]如果说新时期中国文学是以涤疗伤痕的泪水为开端的，那么广播评书《岳飞传》则是受众最为广大的伤痕文学作品。

从 1979 年到 1985 年，从刘兰芳的《岳飞传》到田连元的《杨家将》，古代题材的长篇评书的复兴，伴随着当代史上最大规模平反冤假错案的过程。就情节模式而言，刘兰芳在

---

[1] 王俊明：《她吸引了亿万人的心——访播讲〈岳飞传〉的评书演员刘兰芳》，《中国青年报》1980 年 10 月 23 日。另参见李微：《刘兰芳评传》，新华出版社，1993 年，第 40 页；刘兰芳：《我的艺术生活》，大众文艺出版社，2010 年，第 59—60 页。三个版本的引文基本一致，文字略有不同。

[2] 李微：《刘兰芳评传》，第 42—43 页；另参见刘兰芳：《我的艺术生活》，第 61 页。两个版本的引文基本一致，文字略有不同。

广播里说《岳飞传》的终点（为忠良平冤昭雪）恰好是田连元在电视上说《杨家将》的起点，社会共同体的情感结构变迁——从 70 年代末对历史"积郁"的宣泄，到 80 年代中期面向未来的乐观情绪——展现于说书人与听（观）众经验互动的"讲故事的艺术"的再生产。

刘兰芳和田连元的评书与新时期历史语境的联系，在他们的合作中显得更为直观——1988 年中央电视台春节联欢晚会上，刘兰芳表演了田连元写作的评书贯口《说灯》：

> 要说灯，有长形灯、圆形灯、多角灯、节日灯、聚光灯、回光灯、荧光灯、光导纤维灯，有红灯、绿灯、紫灯、黄灯、蓝灯，就是没有黑灯！
>
> 参加晚会的人们，有男的、女的、老的、少的，来自四面八方，各行各业：有关机关、有关单位、有关领导、港澳同胞、海外侨胞、国际友人、各界代表——有戏剧界的、电影界的、新闻界的、出版界的、音乐界的、美术界的、杂技界的、体育界的、曲艺界的、教育界的、科技界的，有作家、画家、艺术家、企业家、改革家、歌唱家、作曲家，这儿可没有野心家！

这段贯口呈现了 80 年代的主流当代史想象：排除特殊历史时期的"黑灯"和"野心家"，全社会在各界精英的引领下除旧布新。1988 年，有四位说书人参加了中央电视台春节联欢晚会，他们都来自东北，各有一部长篇连播代表作在新时期闻名遐迩：刘兰芳《岳飞传》（1979）、袁阔成《三国演义》（1981—1984）、王刚《夜幕下的哈尔滨》（1982）、田连元《杨家将》（1985）。从中古说到近代，东北说书人是最脍炙人口的中国历史故事的讲述人，而从地理上看，田连元的《杨家将》和刘兰芳的《岳飞传》尤其值得玩味：宋代抗辽和抗金的故事在 20 世纪七八十年代是从辽宁向全国各地传播的，在这个讲故事和听故事的共同体中，辽宁及东北是媒介地理意义上的"中原"。

对于作为媒介"中原"的东北，后来被看作"东北性"的文化地方性表象是其内在的他者。同样是 1988 年，在辽宁电视台的春节晚会上，赵本山和巩汉林表演的小品《如此竞争》成为最受欢迎的节目。小品开头是相互交织的两种叫卖声。首先是巩汉林在摊位前一边用纸包十三香，一边用唐山话表演卖十三香的唱词：

小小的纸儿四四方方，东汉蔡伦造出纸张，若问这纸儿有啥用，听我慢慢地说端详：记者用它写稿件，作家用它来编文章，宣传改革和开放，十三大的精神放光芒……

赵本山扮演的盲人报贩随即叫卖登场：

瞧一瞧，看一看，停一停，站一站。法制报，故事报，新出版的电视报，有传奇有侦破，有讽刺有幽默，共欣赏，共娱乐，受教育，开眼界。看一看，十七岁的少女怎么说没就没了？七十多岁的老太太为什么还改嫁呢？一看就知道。看一看，是谁敲开了寡妇的大门？……

《如此竞争》的编剧是曲艺作家崔凯，他也是赵本山的成名作二人转拉场戏《摔三弦》（1982）的编剧。从《摔三弦》到《如此竞争》，乃至后来的《对缝》（1989年辽宁电视台春节晚会小品，巩汉林、潘长江、李静表演），崔凯80年代作品中一种贯穿性的主角是现代化规范的他者：宣扬迷信的盲算命先生、叫卖低俗的街头报贩、笨拙的投机倒把分子等。小品腔的东北话是这种他者形象的关键元素，在《如此竞争》

中，巩汉林说唐山话，赵本山说东北话，对于1988年看省台春晚的辽宁观众，两种"方言"听起来并无亲疏之别，赵式小品腔东北话和巩式唐山话一样，都是奇观化的"他性"语言，这种"他性"是喜剧快感的来源。

与此同时，以1987年的商业化大潮——改革开放后第一次让知识分子感到焦虑和惶惑的"中国现代化进程新的临界点"[1]——为背景，由曲艺作家创作的《如此竞争》明显投射着主体位置（自我/他者、中心/边缘）颠倒的预感："写稿件"和"编文章"的知识分子被他们召唤出的叫卖声吞没，成为他们以"现代化"立场书写的他者景观的一部分。80年代初，赵本山凭借表演崔凯等人创作的作品中的角色在东北成名，而90年代随着赵本山在中央电视台春节晚会上成为"东北形象代言人"，作家逐渐成为依附小品王的所谓"御用编剧"，作品的核心不再是作家要讲的故事，而是赵本山的形象（永远身穿中山装、头戴钱广帽的老年扮相）、表演模式（延续早年扮演盲人的步态，常常脚下拌蒜，仿佛总是踩不上"现代化"的点儿）和方言腔调所构成的地方性景观。对于90年代的东北观众而言，观看央视春晚上的赵本山小品是一个

---

[1]　戴锦华：《雾中风景：中国电影文化 1978—1998》，北京大学出版社，2000年，第85页。

双重的认同过程：一方面同各地观众一起消费前现代化的他者景观，由此获得时间性的喜剧快感，想象自己和整个共同体"辞旧迎新"；一方面将处在全国节庆仪式的视觉中心的他者，不无自豪地体认为"东北人"自身，这种体认是代偿性的，伴随东北老工业基地——包括文化工业——的整体衰落而加深。

以东北最具代表性的文化生产单位长春电影制片厂为例，1996年，长影生产的故事片的数量由上一年的22部骤然下跌至8部，1997年和1998年更是跌至5部和6部。[1]这些影片中，唯一在社会上产生影响且在经济上不亏本的，是一部地域色彩鲜明的电影——赵本山主演并参与投资的《男妇女主任》（1998），在资源配置的逻辑发生重构的背景下，东北的自我"东北化"越来越成为重要的资源竞争方式，二人转演员出身的喜剧小品明星越来越成为东北文化生产的代言人乃至"拯救者"。

评书的衰落是东北文化工业衰落的一部分。90年代之后，单田芳是唯一在市场化语境的大众流行文化中凸显的说书人，与"评书四大家"中的另外三位在80年代创造的评书热潮不

---

[1]　参见刘丽娟主编：《长春电影制片厂艺术影片汇编》，吉林人民出版社，2011年，第584—602页。

同，单田芳没有像刘兰芳《岳飞传》、袁阔成《三国演义》、田连元《杨家将》那样具有时代界标意义的单部书，在他演播的一百多部评书中 [1]，尽管不乏名作，但真正被人们记住（并不断模仿传播）的并不是故事，而是他那极具辨识度的带东北口音的沙哑嗓音。"云遮月"的声音质感神话性地指称着东北民间老艺人的岁月沧桑。就此而言，单田芳的声音和赵本山的形象共同构成了世纪之交大众文化中的"东北"景观，在这一景观里，"地方"、"民间"和"传统"自然在场，东北作为另类现代性前沿的历史被抹除得看不出一丝痕迹。

---

[1] 根据单田芳的说法，"一百多"这个数字包含了同一部书的广播版和电视版的叠加计算，如果把同一题名的广播评书和电视评书算作"一套书"，那么应该是"七十二套"。（见《国家级非物质文化遗产代表性传承人抢救性记录工程·北京评书单田芳口述片》，2017 年郝赫采访，辽宁省非物质文化遗产保护中心摄制）

第四章　新世纪东北喜剧的师/父表述
　　　　与青年主体再生产

　　从以二人转艺人身份拍摄网络电影的"四平青年",到以话剧品牌火爆院线银幕的开心麻花的"夏洛",从漂泊关内、异地寻梦的"煎饼侠",到还乡筑梦、重写边地的"缝纫机乐队",从活跃在电视喜剧综艺中的赵家班弟子,到移动互联网时代横空出世、以"东北 Rap"代言"中国嘻哈"的喊麦主播,在最近十多年的中国大众文化中,东北青年影音无疑形塑了最为流行的地方青年喜剧形象。与此同时,在不平衡的社会经济发展版图中,东北的人口老龄化与经济衰退的相互作用,又显影为最突出的地区发展困境。深陷老龄化困境的地区同时是青年喜剧之源,这种看似矛盾的区域经济—文化地理,实际上构成了对于青年文化研究的一种提示:青年并非孤立自在的主体,而是始终处在社会关系再生产的主体建

构过程中，青年相对于中老年而成立，不识其父老，则无以
论其子弟。

重写父老：从"师傅"到"师父"

在长达 20 年——从 20 世纪的最后一个十年到 21 世纪的
第一个十年——的时光里，中国大众文化中最核心的喜剧形
象一直是东北老年人的形象。数亿央视春节晚会的观众在除
夕之夜观看赵本山扮演的东北老农民，是 90 年代中国形成的
"现代化"年俗。在作为节庆仪式的喜剧观赏中，东北 / 农民 /
老人对前现代性的同构指涉，让每个发笑的个体都从线性时
间中获得了快感，想象自己正跟随整个共同体"辞旧迎新"。
上述神话意指得以成立的历史前提，直观地呈现在新世纪伊
始赵本山主演的电影里。在张艺谋执导的 2001 年贺岁片《幸
福时光》中，赵本山第一次扮演一位下岗的国企老工人，而
其通常在小品里塑造农民的喜剧表演模式并未发生改变，因
为这部讲述苦情故事的贺岁片本来就是为这位"春晚小品王"
量身打造的：苦情戏能够履行制造时间性快感的贺岁功能，
端赖主人公形象是高度喜剧化的"现代化"的他者。

《幸福时光》改编自莫言的短篇小说《师傅越来越幽默》，影片在增删情节和添加东北地方特征的同时，延续了小说主人公的基本身份，即同时丧失生产和再生产职能的工人师傅。这位老工人在工厂里被青年工人称为"师傅"，那时他不只是工业产品的生产者，而且是生产者的再生产者。新中国国营工厂中的师徒制形成于20世纪50年代的社会主义改造，是建构工人阶级"主人翁"身份的内在环节，这种改造和建构"一方面使师徒制成为国家兑现充分就业政治承诺的工具，另一方面也要求其承担培训技工的主要责任，以助推理想社会战略的实现"[1]。社会主义改造和国家工业化建设的过程形成了"以厂为家"的单位文化，传统中国以血缘家庭为原点的差序格局中的"尊老"逻辑，在全新的生产关系和社会关系中获得了再生产："对老年人的尊敬实际上是以这样的假设为基础的，这个假设就是在自我修养漫长而又不可避免的旅途中，一个老年人应当是在充实自己生命方面以令人激赏的成果遥遥领先。"[2]随着"单位—国家"对"家族—国家"作为

---

[1] 王星：《技能形成的社会建构：中国工厂师徒制变迁过程的社会学分析》，社会科学文献出版社，2014年，第351页。

[2] 杜维明：《仁与修身》，见《杜维明文集》第四卷，武汉出版社，2002年，第50页。

社会关系格局的结构性替换，"师傅"不仅是工厂内部有技术资质的老工人的称谓，也成了城市社会中除"同志"外最常听到的陌生成年人之间的敬称，这一敬称所蕴含的不是对技术的抽象推崇，而是对工人阶级在传统社会主义生产和再生产中"遥遥领先"的主体地位的普遍认同。

"师傅越来越幽默"是上述生产和再生产空间解体情境中的反讽修辞，作为"师傅"的老工人在国营工厂停产后被抛入市场社会，茫然无措之际，反过来需要昔日"徒弟"的帮助和指导。无论是小说《师傅越来越幽默》的主人公丁十口，还是赵本山在电影《幸福时光》中扮演的老赵，都是作为最原初意义的喜剧形象被呈现给正在接受市场规训的读者或观众的："喜剧倾向于表现比今天的人差的人"[1]。这个喜剧形象被从最直接的再生产角度隐喻为"比今天的人差的人"：小说中的老工人丁十口一直无法生育人口，而在电影中，人口再生产条件的匮乏则是主人公行动和影片叙事的原动力，影片前半段的情节用一句话来概括，就是一辈子没找到老婆的老工人在下岗之后急着找老婆。在这一荒诞不经的叙事的背后，是作为传统社会主义再生产空间的单位—家庭有机体的

---

[1] ［古希腊］亚里士多德：《诗学》，陈中梅译注，商务印书馆，1996年，第38页。

解体。在传统社会主义时期的东北工业基地，工人家庭成员的生老病死皆是工厂的分内事，对于青少年的成长而言，父母的工作单位既是政治教科书所说的"人民抚育我成长"的实际媒介，又是最早塑造其工作想象的自我理想的直接来源——从小便在耳濡目染中将"工人""师傅"体认为父亲之名。因此，国营工厂在市场化过程中的衰败、破产和改制，同时意味着传统社会主义的青年工作主体再生产基础的瓦解。

如果说《幸福时光》的前半段是老工人再生产职能的去势隐喻，那么影片的后半段则是老工业基地的消费主义改造的寓言。老赵为了帮助董洁扮演的失明的孤女，把废弃工厂车间改造成了仿真的"按摩房"，让原来工厂里的工友轮流来消费。透过这些由李雪健、傅彪等一线明星扮演的"工友"，观众可以直接捕捉到影片的事实背后的电影的事实：赵本山已然具备了整合主流大众文化资源的市场号召力。就在《幸福时光》上映的这一年，赵本山创办了"赵本山杯"东北二人转大奖赛，并首次举行隆重的收徒仪式，以余秋雨为代表的一众文化明星从关内的文化中心赶来捧场。赵本山面对媒体如是阐述鼓弄二人转的意义："其实二人转这个市场很大，哪个老板能出钱干它一次，不光是艺人，还有更多的关东父老乡亲会记他一辈子。"[1]这是这位喜剧小品明星第一次正式要把他在十年春晚积累的象征资本转化为资本，并由此扮演东北文化的恩主角色。

与此同时，赵本山在央视春晚小品中扮演的角色也具有了老农民以外的新身份，即号称"大忽悠"的生意人。在《卖拐》(2001)、《卖车》(2002)所连续塑造的这一新身份的基础上，2005年的春晚小品《功夫》引入了前所未有的人物关系（世代与等级同构的权力关系），由此形构出全新的观看机制及主体位置。在这一年的除夕之夜，赵本山把自己的两个徒弟带上了春晚舞台，表演"大忽悠"师徒组团来忽悠，小品里的角色关系与演员之间的真实关系高度同义互文。两个徒弟满怀景仰地参与两位"大师"——赵本山扮演的"大忽悠"和范伟扮演的范厨师之间的忽悠攻守战，在景仰中翘首盼望自己的红包，同时牵引着观众的感官与期待，与他们同视同听：

> 两徒弟：师父，收下我们吧！
>
> 范厨师：哎哎，孩子们，"忽"海无涯，回头是岸，

---

[1]　小泥：《"赵本山杯"二人转大奖赛正式启动》，http://ent.sina.com.cn/h/42330.html。

学好就好啊，过年了，给你们包红包去啊。

　　大忽悠：悲哀，的确悲哀，这钱你俩能要吗？上月我没给你俩发工资吗？[1]

　　以"师父"为大对体，两个徒弟一系列的自称与他称——"我们""孩子们""你们""你俩"共同询唤着一种新的青年工作主体：受到文化产业资本青睐的喜剧人力资本。当2009年小沈阳凭借小品《不差钱》蜚声全国，该主体不仅是整个春节晚会最受瞩目的焦点，而且再造了东北工业城市的劳动叙事的中心——沈阳市总工会把这一年的五一劳动奖章颁授给了小沈阳。这位新时代的劳模成了众多缺少上升通道的东北底层青年的理想自我，而这个理想自我的自我理想显然不是来自劳模的命名者，毋宁说，该命名本身是对更高的父名的攀附：小沈阳首先是本山传媒的优秀员工，然后才可能是沈阳市总工会的劳模。本山传媒的董事长既是其旗下艺人在民间传统名义上的"师父"，又是辽宁大学本山艺术学院的院长，在建立老板为师、资本为父的喜剧人力资本再生产模式的同时，使其喜剧产业占据了重塑东北青年主体的表

_____

[1]　小品《功夫》，编剧：张猛，表演：赵本山、范伟、蔡维利、王小虎。

意实践的中心高地，地方媒体乃至工会、大学艺术教育等文化机器，都一度围绕这个结构性的中心进行文化生产。

作为青年文化的"二人转"与"喊麦"的父名

赵本山的喜剧产业是以"二人转"为核心能指的，这个能指几乎可以涵盖一切赵本山所说的"生产快乐"的表演。它一方面为这类产业化的混杂表演赋予了古老的乡土表象，另一方面却以区域中心和大都市为实际的策源地，向小城市、县级市辐射建构新世纪东北的城市青年文化。

赵本山 2003 年将原来演出京剧和评剧的沈阳大舞台改造为"刘老根大舞台"，在辽宁省省会打造出最具品牌价值和示范效应的"二人转"产业地标。而在他名义上的故乡、被认为是"二人转发源地之一"的辽宁铁岭的县级市开原[1]，专门的"二人转"剧场开原大戏院直到 2006 年才成立。开原大戏院的大厅正中醒目地张贴着赵本山关于"三百年的二人转"的大段题词，题词旁是静享香案贡果的关公像，而大厅海报

---

[1]　赵本山的老家莲花村原属吉林省伊通县，1941 年划入开原。

上却是清一色青春俊靓的"转坛新星"。当这些青年"二人转"演员在舞台上以各种形式"生产快乐"时，台下的观众也大多是年轻人，他们是这座城市第一代接受"二人转"熏陶的青年。开原市的主城区是因铁路交通而兴起的现代城市空间，无论是通常被称作"蹦蹦"的1949年之前二人转的乡村表演形式，还是50—70年代建构的二人转"民间形式"，在这里都没有群众基础。直到21世纪初，赵本山的喜剧产业伴随东北老工业基地的整体衰落而异军突起，开原才据此将城市身份"乡土化"——将工人文化宫改制为专营"二人转"的开原大戏院，在传统公有制工厂与工人文化一并消散的情境中，"二人转"名义下的东北喜剧不但是拉动经济的手段，而且是重塑工人子弟的趣味与认同的表意实践。

将传统工人阶级文化空间改造为"二人转"剧场，是东北老工业基地发展消费主义喜剧产业的一种普遍模式，除了城市空间改造、文化机构改制的脉络之外，这种产业发展与媒体的发展有着密切的关联，城市越大，改造的规模越大，便越显现出多重脉络的互动。如在东北最大的工业城市沈阳，隶属于沈阳铁路局的沈铁文化宫、隶属于铁西区总工会的沈阳工人会堂（原沈阳电缆厂文化宫——铁西区仅存的厂建工人文化宫）分别在2006年和2007年成为"刘老根大舞台"的剧场，而隶属于沈阳市总工会的沈阳市文化宫则引入了"东北情大剧院"，延请"四平青年"来压场。2012 年，在赵家班霸屏东北电视媒体之际，四平几位名不见经传的"二人转"演员自导自演的网络电影《四平青年》突然声名鹊起——之后主演张浩等人成为四平市青年文化传媒有限公司的股东和签约演员，持续拍摄"四平青年"系列影视作品——第一次在本山传媒的系统之外生产出具有全国性影响的东北青年喜剧人形象，也第一次彰显出互联网之于东北喜剧的意义。

2014 年之后，随着赵本山的形象从主流媒介淡出，东北喜剧几乎全然呈现为一种青年文化。一方面，更多的"转坛新星"与赵家班弟子一道活跃于各种电视喜剧综艺和真人秀；另一方面，网络直播借助移动互联网新媒体迅速崛起，以"喊麦"为标识的网络说唱主播几乎成了东北青年的专属行业，在描述这种流行文化的流行话语中，"喊麦"既被比附为"东北 Rap""中国嘻哈"，又被溯源至"二人转说口"，由此顺理成章地汇入了跨越新老媒体时代的地域神话：喜剧性的表演仿佛本来就是东北人的乡土习性。然而，这种习性与其说来自乡土的自然赋予，毋宁说是"社会空间结构内在化的产物"，"它持续将必然变成策略，将限制变成偏好，非机械决定地产生一套构成生活风格的'选择'，这些生活风格从它们在对立和关联的系统中的位置获得其意义亦即价值"[1]。移动互联网时代的东北青年喜剧人，大多来自衰落的老工业基地的社会底层，在地域与阶级的双重分化所限定的成长环境中，赵本山引领的东北喜剧既是他们最容易分享到的文化资源，又是他们难得能够想象的上升通道，资源与通道的限制转而成为主体的自我规训：如果不会忽悠，不会白话，不具备某种喜剧表演天赋，并以此作为资源竞争和交换价值增值的手段，就不是一个合格的东北青年。从这个意义上说，在电视荧屏上消失的赵本山已在东北喜剧人力资本的再生产中内化为众多东北青年的超我。尽管在社会符号的区隔体系中，东北喜剧——从小品、"二人转"到"喊麦"始终被定位为低俗文化，但正像赵本山经营"二人转"一样，把"俗"转喻为草根本色的自我塑像，同样是线上东北喜剧富于感召力的主体建构策略。

以东北网络主播的代表 MC 天佑为例，这位"喊麦之王"是锦州下岗工人的儿子，曾经卖过炸串，当过网吧收银员，他不仅乐于叙述自己的底层经验，更以此形塑作品中的理想自我。在其成名作《女人们你们听好》（根据他本人的说法，

---

[1]　Pierre Bourdieu, *Distinction: A Social Critique of the Judgement of Taste*, Cambridge, Massachusetts: Harvard University Press, 1984, p.175.

创作灵感来自被拜金女友抛弃的亲身经历）中，一位愤怒的底层男性叙述者将移情富二代的女人视为现实逻辑的化身：

现实的社会有一种物质叫金钱

有一种人类叫作女人

在这个社会上有很多事情被金钱打翻

在这个社会上金钱打翻了一切[1]

但对拜金女发泄怒火，最终并不是要与金钱主导的秩序决裂，而是要烧掉前者错拜的偶像，从而发现和理解真正的金主——富二代的父亲：

钱是他父亲挣来的

为什么能挣到这么多钱

就是因为他父亲在年轻的时候

找到一个像他母亲一样愿意陪着他的女人

所以才有了今天[2]

---

[1]　MC 天佑：《女人们你们听好》。

[2]　同上。

对"他父亲"的叙述是使叙述者自己的想象性认同得以确立的符号性认同："想象性认同是对这样一种意象的认同，在那里，我们自讨欢心；是对表现'我们想成为什么'这样一种意象的认同。符号性认同则是对某一位置的认同，从那里我们被人观察，从那里我们注视自己，以便令我们更可爱一些，更值得去爱。"[1] 只有以资本的位置为自我理想，主体才能体认理想的自我——正在奋力打拼的底层男青年，这个意象由于资本的凝视而获得了意义。"喊麦"对于东北底层青年的感召力，正来自它在这些老工业基地的孩子与作为新父名的资本之间建立的认同机制，即便 MC 天佑已是千万富翁，仍然会被为他打赏的底层青年视为兄弟，他的呼喊越是被所谓"精英"区隔为"低俗"，聆听、模仿以至渴望成为他的工人之子们，便越有反制的快感。正如最流行的"喊麦"作品《一人我饮酒醉》所喊：

> 败帝王，斗苍天
>
> 夺得了皇位以成仙
>
> 豪情万丈天地间

---

[1] ［斯洛文尼亚］斯拉沃热·齐泽克：《意识形态的崇高客体》，季广茂译，中央编译出版社，2002 年，第 145 页。

我续写了另类帝王篇 [1]

尽管所谓"喊麦之王"几乎一夜之间在他借以成名的互联网上被跨平台封禁，但正像四年前最著名的"二人转师父"突然从电视媒体上销声匿迹后的情形一样，以资本逻辑为主导的社会空间结构仍然支撑着"将限制变成偏好"的东北喜剧人力资本再生产机制。

流散东北喜剧人怀旧中的无父之地

以"喊麦"为代表形式的东北网络直播，是在老工业基地人口老龄化与经济衰退同时凸显的语境中兴起的。在劳动力人口随资本流动的市场社会再生产前提下，超地域的互联网直播平台在文化生产方面对东北年轻人的外流趋势起了某种程度的缓冲作用，而在此之前，已有大量东北青年在关内的经济和文化中心成为喜剧人力资本。这些流散漂泊的东北青年一方面以自我喜剧化来实现自身作为人力资本的增值，

---

[1] 《一人我饮酒醉》原唱为 MC 高迪，因 MC 天佑的表演而风靡。

另一方面则比留在故乡的同代人更深地感受着规训和异化的压力，因而在进行赵本山所说的"生产快乐"的同时，也生产着自己的厌倦和恶心。由流散东北人主创的流行喜剧电影常以这种厌恶感作为叙事动机。

最直观的症候是《夏洛特烦恼》（2015）的开头：受够了日常生活的主人公夏洛抱着马桶呕吐。呕吐物的倾泻口同时是时空穿越的出入口，主人公重返1997年——既是他正式成人前的高中时代，又是生活世界尚未因市场关系而完全分化的社会转型期。经过"马桶穿越"的过程，夏洛又重新对恶心的日常甘之如饴，怀旧之旅构成了主体的创伤修复手段，某种本原幻象为其提供了非异化的抚慰。《夏洛特烦恼》是在大连取景拍摄的，这座曾是改革开放前沿的东北城市被呈现出最老旧的一面，其中作为核心叙事空间的夏洛的中学拍摄于破产国企旅顺晶体管厂的旧厂区，仿佛承载着影片主创的"锈带"乡愁，然而，老国营工厂本身却不是影片再现和追怀的对象。与此相契合，夏洛穿越返回的是一块无父之地：在1997年的时空里，主人公没有父亲，只有表现为家庭妇女的母亲。剥离家庭的外部性，同时将中学校园再现为自在的再生产空间，影片借此使抚慰性的怀旧成为可能，因为这种再现策略恰好遮蔽了主体创伤或异化的真实起源：以单位制工厂体系为基础的传统工人阶级有机城市在市场化过程中的解体。

　　和《夏洛特烦恼》相比，大鹏执导并主演的《煎饼侠》（2015）和《缝纫机乐队》（2017）是更具自传色彩的流散东北喜剧人的怀旧电影。这位闯荡北京的"80后"东北艺人先后在两部影片中扮演了和自己类似的角色，并重复了同一种"原始要终"的叙事模式：当主人公对事业感到厌倦或颓丧时，对自己出身的底层家庭的回忆不仅是励志的源泉，而且为他终将实现的理想提供了命名，同时也命名了影片本身。"煎饼"和"缝纫机"都是主人公的底层家庭的再生产方式，父母以这两种谋生手段供养着儿子的梦想——成为某种流行文化的生产者。对自在的底层家庭再生产方式的追忆与认同，既是传统工人阶级城市及单位—家庭有机体解体的结果，也是这一解体过程被遗忘的结果：仿佛"煎饼"和"缝纫机"是走向"侠"（超级英雄电影）和"乐队"的符号生产世界的自然起点。然而，在以上述底层家庭再生产方式命名的电影中，实际上却看不到主人公的底层父母，尤其是在直接对东北城市进行还乡凝视的《缝纫机乐队》中，这一悖论更加值得玩味：流散子弟以父母和故乡的名义投身符号生产，却在还乡时隔离了作为家乡父老的物质生产劳动者。[1]

《缝纫机乐队》是在大鹏的家乡吉林边境小城集安拍摄的，以拍工人电影著称的"70后"东北导演张猛曾在这里拍摄自己的处女作《耳朵大有福》（2008），在重写城市当代史的意义上，这两部电影形成了显著的互文关系：曾经实际发生的传统工人阶级城市的衰败史被改写成了景观化的"摇滚之城"的重建史。模拟《耳朵大有福》对真实城市改造中的废墟的呈现，《缝纫机乐队》以一座仿真的大吉他雕塑的废墟为中心，使整个城市生活显现为居伊·德波（Guy Debord）所说的"巨大的景观堆积"，"曾经直接经历的一切都已变成纯粹的表象"[2]。而从《耳朵大有福》本身的角度反观，这个认同工人／父亲的文本在被景观社会的符号生产挪用和改写之前，已在自己的废墟书写中记录了后者真实的形成过程。

《耳朵大有福》在直接呈现城市改造中的废墟／工地的同时，以一位退休的老工人——主人公王抗美穿行城市的经历来表述正在改造中形成的空间。影片中一个反复出现的特写

---

[1] 当大鹏后来尝试在商业喜剧片之外拍摄家乡现实时，真正的"父老"角色也随之呈现出来，如《吉祥如意》（2020）聚焦导演的三舅——一位原辽河油田保卫干部，在90年代患了阿尔茨海默症，被老母亲接回农村相依为命。

[2] Guy Debord, *The Society of the Spectacle*, New York: Zone Books, 1995, p.12.

镜头隐喻了王抗美的经历。那是一张一元钱纸币，上面有手写的"周杰伦"字样，王抗美买东西的时候，别人找给他，他后来花了出去，但最后又回到他的手里，他所经历的空间就是"周杰伦"的流通空间。"周杰伦"是景观社会里的消费文化符号，但它被写在纸币上却不附加任何符号价值，王抗美最初得到这张一元钱纸币的时候，正在一家兼作小卖部的网吧里买方便面、低价的烟和啤酒——他只能购买基本的使用价值，而几乎无法进行"作为一种经济交换价值向符号／交换价值转换的消费"[1]。另一方面，王抗美进入"二人转"剧场等景观化空间，实际上并不是为了消费，而是要作为一家之主找到新的工作，以解决家庭的经济困难。但在他不期而入的这个正在形成的符号生产体系里，"消费力本身就是一种生产力的结构模式"[2]，他无法参与符号的消费，也就意味着无法进行生产性的劳动。

书写不合格的消费／生产者的《耳朵大有福》是以青年为生产／消费主体的东北喜剧的元喜剧，它再现了流散东北喜剧人怀旧中的无父之地的形成机制：如果说"隔离是景观的始

---

[1] ［法］让·鲍德里亚：《符号政治经济学批判》，夏莹译，南京大学出版社，2009 年，第 103 页。

[2] 同上书，第 69 页。

与终"[1]，那么在由工人社群空间蜕变而来的景观社会里，首先被隔离的就是变成老 / 穷人的老工人。从这个意义上说，东北的老龄化困境并非孤立的地方问题，而是以交换价值和符号价值区隔身份的"普遍性"社会生产体系表现在人口地理上的症候，对它的诊治需要想象曾以"（工人）师傅"为父名的再生产空间的重建形式，在那个空间里，老年的养成与青年的发展互为条件。

---

[1]　Guy Debord, *The Society of the Spectacle*, p.20.

第五章　作为当代史书写的东北作者电影和先锋艺术

《钢的琴》："工人之子"的文化生产

2015 年 5 月 15 日，位于沈阳铁西区的刘老根大舞台沈阳工人会堂剧场，在停业 80 天后重新开业。这一停一开之间，在人们对"刘老根"的命运的关注中，沈阳工人会堂的历史变迁也多少进入了公众视野。沈阳工人会堂最初是沈阳电缆厂的工人文化宫。1988 年，铁西区共有 82 个工厂文化宫或俱乐部，占全区影剧院、文化宫、俱乐部的 89%，其中绝大多数建于 1949 年之后。[1] 在 20 世纪 90 年代的市场化过程中，这些工人文化空间大多随着它们所在的工厂一起衰落凋敝。经

---

[1] 沈阳市铁西区人民政府地方志办公室：《铁西区志》(内部资料)，1998 年，第 348—353 页。

过 21 世纪初的十年改造，老铁西工业区被整体改造为崭新的都市消费空间，旧工厂和厂区内的文化宫几乎彻底消失。作为铁西区唯一保留下来的原厂区工人文化宫，沈阳电缆厂文化宫在 2004 年更名为"沈阳工人会堂"，改制为隶属于铁西区总工会的非财政补助（自收自支）事业单位。2007 年，沈阳工人会堂被出租给刘老根大舞台，成为沈阳最著名的二人转演出场所之一，在铁西区的"工人会堂"看二人转，是对东北城市的工业地理符号和"都市外乡人"景观的同时消费。2015 年，刘老根大舞台在沈阳工人会堂的 80 天停演，让人们开始想象赵本山的二人转产业退出老工业基地的文化空间的可能性，然而，未曾被同时想象的是，如果这种退出真的发生了，替代"刘老根"的将是什么。换言之，成长于东北老工业基地的文化生产者，如果不给赵本山这类制造"都市外乡人"景观的文化产业企业家打工，其实践将会具有何种新的可能？从本山传媒辞职的青年导演张猛以他的电影展示了这种可能性。

张猛曾是赵本山的春晚小品编剧（赵本山先后在 2005 年和 2006 年的央视春节晚会表演了张猛创作的《功夫》和《说事儿》）和本山传媒的副总裁，他主动放弃这两个身份，是为了实现自己的电影理想，更确切地说是拍摄工人电影的理想。从 2007 年至 2016 年，张猛共导演了四部剧情长片，除了 2016 年上映的《一切都好》，另外三部编导合一的"作者电影"——《耳朵大有福》《钢的琴》和《胜利》都是对东北老工业基地工人（90 年代逐渐成为"多数"的下岗工人和退休工人）状况的再现。其中，《钢的琴》是张猛影响最大的作品，不仅被誉为"2011 年口碑第一片"，而且被看作新世纪最有代表性的工人题材电影之一。但很少有人意识到，《钢的琴》也是文化生产的寓言。影片中的工人既是工业空间中的物质劳动者，也是文化空间中的精神劳动者，传统社会主义时期的城市和单位制下的工厂都曾将这两种空间整合为统一的生产空间——生产传统工人阶级主体的空间。但导演并不单纯是在市场化语境中复现或发掘这种历史遗产，更为重要的是，他在对传统工人阶级历史命运的书写中表述了自身的命运。张猛尽管出身文艺世家，却一直把传统工人阶级视作自己的父辈，在各种访谈中一再强调自己的亲属关系、成长环境、青春记忆与工厂、老工业基地及传统社会主义工业时代无法分割的联系。在他导演的《钢的琴》中，主人公被同时赋予了三种身份：工人 / 表演者 / 父亲。正是这三种身份的内在关联，构成了支撑起整个影片叙事的记忆 / 生产框架。

《钢的琴》"回忆"的是一个 90 年代的小故事：钢厂下

岗工人陈桂林长期独自抚养女儿，傍大款的妻子却突然归来，要和他争夺女儿的抚养权，女儿提出，谁能给她一架钢琴，她就跟谁，买不起琴的陈桂林便发动从前的工友，在废弃的工厂里共同制作一架钢造的琴。影片的叙事动机似乎并不新鲜，以家庭故事表现传统工人阶级在社会变迁中的境遇，有两条显著的文本脉络可以作为先例来追索。一是90年代中期出现的新主旋律文艺的"分享艰难"叙事，在国企工人大量下岗和传统社会主义福利保障体系解体的语境中，血缘家庭成为凝聚认同的象征符号，市场化改革造成的社会问题被再现为一种家庭伦理故事，而家庭同时又是民族国家共同体的隐喻：这个共同体正在为变革付出必要的代价，因而需要每个成员体谅和分担它的困难。[1]另一脉络出现在新世纪的艺术电影和独立纪录片当中，普通家庭的命运不再与国家的事业相一致，而是呈现出独立的价值。在贾樟柯的《二十四城记》中，三线工业建设及其移民历史被表述为"国"对"家"的撕裂和"家"为"国"做出牺牲，90年代的变革则是作为私人领域的"家"独自承受艰难，以及摆脱了集体主义旧梦的新一代个体重新认同和回归家庭。而作为第一部在市场化改

---

[1] 戴锦华：《隐形书写：90年代中国文化研究》，第210—218、278—283页。

革背景下呈现老工业基地的历史命运的纪录片，长达九小时的《铁西区》被导演王兵制作成一种空间三部曲，在依次展现工厂和工人住宅区之后，影片最终着落在一个铁路沿线的边缘人传奇：一对相依为命的父子，一个残缺却延续的家庭，不仅游离于体制之外，而且与大历史的变迁无关。尽管在对家 / 国关系的处理上，《铁西区》及《二十四城记》表现出和"分享艰难"叙事不同的立场，但却分享着同一种血缘家庭神话，在其中，父子（女）身份被书写为超历史的原始认同。

不同于上述脉络，在《钢的琴》中，家庭与传统工人阶级的社会位置一样具有历史性。影片的第一个镜头便打破公 / 私区隔，将分家的场景置于凋敝的生产空间：陈桂林和提出离婚的妻子小菊并排站在旧工厂厂区的前景，极具仪式感地争夺女儿的归属。传统工人阶级家庭由此被呈现为传统社会主义生产的内在构成，生产关系的解体意味着与之相适应的家庭关系的瓦解或蜕变。

在电影中，当女儿说，谁给她钢琴，她跟谁时，陈桂林面临的是承担"工人 / 父亲"之名的主体的符号性死亡。他试图通过获得一架钢琴来留住女儿，一方面是要作为男人和父亲而雄起，另一方面，却是臣服于新的符号秩序。他幻想用一件物品换取自己的父亲身份，但在这个交换价值主导的世界里，他永远无法获得父亲之名。所以淑贤告诉陈桂林，即使你把钢琴造出来了，你也留不住女儿。而就在陈桂林因为对造琴意义产生怀疑而宣布放弃之后，影片出现了断裂，我们再次看到了和片头一样的场景，仍是陈桂林和妻子小菊并排站在旧厂区的前景，但之前争夺女儿的仪式却变成了陈桂林放弃抚养权的仪式，他让妻子把女儿带走。此时，话题突然转换为对时间流逝的感慨，镜头随之从两人之间推过，推成一个空镜，当画面只剩下厂区空间的时候，陈桂林夫妻的画外音即刻争论起女儿出生时的重量：

> 陈桂林：想一想，她刚生下来的时候才六斤多。
>
> 小菊：六斤四两八。
>
> 陈桂林：六斤四两六。
>
> 小菊：不对，六斤四两八。
>
> 陈桂林：你记错了。
>
> 小菊：我怎么能记错呢，我生的我能记错啊？
>
> 陈桂林：六斤四两六，我约的我还不知道吗？[1]

---

[1] 电影《钢的琴》，编剧、导演：张猛，北京完美影视传媒有限责任公司、大连鸿缘影视传媒有限公司、辽宁电影制片厂，2011 年。

影片在此出现了媒介的自反，关于老工业基地历史的电影往往有着显著的纪实或写实风格，但《钢的琴》却以自我讽嘲的方式对这种"物质现实的复原"提出了质疑，也由此拆解了事实 / 价值的二分法，一方面，谁有钱孩子跟谁的故事并没有被道德化，另一方面，细节的真实却被赋予了立场。将认同寄与何种主体位置，物质细节依据线性时间的呈现才能被看作是自然而然的？答案是"寄与胜利者"[1]。在市场化语境中，社会主义工业化和工人阶级的历史仍得以显影——或在"现实主义"的主旋律作品中被纪念，或在艺术电影 / 纪录片 / 口述史中被缅怀，或在工业年代主题博物馆中被展览，却无不充当着本雅明所说的那种作为"战利品"的"文化财富"——被这个时代的凯旋队伍携带着，用以展现当下的文明和进步，该时代对工人阶级的历史遗产表示敬意，同时认为如下原则是理所当然的："现代的工人只有当他们找到工作的时候才能生存，而且只有当他们的劳动增殖资本的时候才能找到工作。"[2]《钢的琴》在两个方面偏离了时代的凯旋队伍，它不仅让工人在失去

---

[1] 《历史哲学论纲》，见［德］汉娜·阿伦特编《启迪：本雅明文选》，张旭东、王斑译，生活·读书·新知三联书店，2008 年，第 268 页。

[2] 马克思、恩格斯：《共产党宣言》，中共中央马克思恩格斯列宁斯大林著作编译局译，人民出版社，1997 年，第 34 页。

"现代工人"资格的前提下重新成为生产者，而且摧毁了他们的可能成为权力结构"战利品"的"文化财富"。

在影片中，与造钢琴的故事并行，还有另外一条线索，铸造分厂两根历史悠久的烟囱将要被炸掉，帮助陈桂林造琴的退休工程师汪工等老职工试图保住这两根烟囱。陈桂林告诉汪工，只有把烟囱改造成某种"有价值"的景观——导弹、长征号火箭或者"抽象的两根筷子"，它们才能被保存下来。根据陈桂林的建议，汪工设计了几种方案，他在向工人们介绍方案时，动情地说："如果我们成功，它将会成为一道亮丽的风景；失败，它将会成为一段美好的记忆。"在90年代以来的城市改造中，社会主义工业文明的空间如果不随历史而俱去，便只能化身为创意产业的"亮丽风景"——北京798式的创意景观无疑是"抽象的两根筷子"的现实对应物。但在《钢的琴》中，"亮丽的风景"与"美好的记忆"却无法共存，紧接着陈桂林把女儿让给妻子的段落，工人们共同见证了烟囱被轰然炸毁。在此之后，钢琴制造又重新恢复。"无产者只有废除自己的现存的占有方式，从而废除全部现存的占有方式，才能取得社会生产力。"[1]烟囱必须被炸掉，正像陈桂林必须放弃为留住女儿而造琴，假如在不改变叙事动机的前提下，

---

[1]　马克思、恩格斯：《共产党宣言》，第38页。

主人公们侥幸成功，他们的努力将被物化。而只有经过（与资本逻辑主导的符号／价值秩序的）断裂，劳动者才可能真正成为文化／生产的主体。

《钢的琴》中的劳动者不仅制造钢琴，同时也在进行音乐演奏和表演。关于这两种活动，马克思在《政治经济学批判（1857—1858 年手稿）》（即《大纲》）中有过著名的论述，他认为，制造钢琴的工人从事的是生产性劳动，而钢琴家则不是，因为"钢琴制造者再生产出资本；钢琴演奏者只是用自己的劳动同收入相交换"，在资本逻辑下，"劳动只有在它生产了它自己的对立面时才是生产劳动"[1]。雷蒙德·威廉斯（Raymond Williams）从"文化唯物主义"的角度重写了这一命题：相对于《大纲》写作的年代，在发达资本主义社会，包括音乐生产在内的文化生产也已卷入资本价值增殖的系统，但更为根本的问题是，所谓"生产劳动"不能只局限于经济领域，而必须打破社会各领域的分野，在"活动的总体"中加以探讨。[2] 着眼于生产实践的总体，便不难理解《钢的琴》

---

[1] 马克思：《政治经济学批判（1857—1858 年手稿）》，见《马克思恩格斯全集》第三十卷，中共中央马克思恩格斯列宁斯大林著作编译局译，人民出版社，1995 年，第 264 页。

[2] ［英］雷蒙德·威廉斯：《马克思主义与文学》，王尔勃、周莉译，河南大学出版社，2008 年，第 101—102 页。

中工人音乐表演的现实性。

生产与文化在主人公身上的统一，与影片在如下意义上打破声源音乐与无声源音乐界限的努力相一致：即使无法在影像叙事中找到实际的音响依据，音乐也并非单纯从外部为画面中的场景赋予基调。如陈桂林曾两次弹奏钢琴曲《致爱丽丝》，一次是在为女儿绘制的纸壳琴键上，父女二人边"弹"边哼唱着曲调，琴声随之轻飏而出；另一次是从学校偷钢琴失败，陈桂林拒绝和同伴们一起逃跑，独自在舞台式的灯光布景下弹琴抒情。在如上情形中，音乐无论来自画外还是画内，无论属于情节元素还是表现元素，都是具体情境中人物切身体验的传达，或开朗舒畅，或忧伤婉转，或沉静低回，或激扬高亢，抑或是热烈狂放，音乐的多样性对应着工人情感经验的丰富性。尽管在许多段落，由背景音乐营造的戏谑氛围格外突出，但这种氛围从一开始便被影片置于一种更复杂得多的叙事 / 情感结构当中。

在《钢的琴》的序幕段落，首先响起的是俄罗斯民歌《三套车》的低沉、悲怆的音乐，陈桂林和他的小乐队披着黑雨披站在雨中，为一场丧礼而演奏。悲伤的旋律被一个来自画外的声音突然叫停："老人听着这曲子步伐得多沉重啊。"音乐于是立刻改换成欢天喜地的《步步高》。为别人家的丧事吹拉弹唱，似乎与这群下岗工人自己的悲喜无关，但当镜头切换为大全景，却显出杂耍般的丧礼背景——仍在冒"烟"的工厂"烟囱"（冷却塔），行将落幕的传统工人阶级历史的象征。而当镜头固定在这个背景上，主创名单的字幕伴着欢快的"丧曲"逐次显现的时候，这部工人题材电影已成为电影作者自身命运的寓言。陈桂林等人为了生存而卖艺，这不单纯是工人的处境，也是传统社会主义文化生产解体之后许多文艺工作者的处境，这种境况的同一性不仅就张猛本人的经历和认同而言是真切的，更为根本的是，并不存在彼此绝缘的孤立的工业领域和文艺领域，"存在的只是带有特定条件和特定目的的、多样的、变化着的生产实践"[1]。基于何种生产条件和目的，传统工人阶级的谢幕会被表现为荒诞的喜剧？最显而易见的是经济交换价值的逻辑，一方面，"对于每个个人来说，只有通过交换价值，他自己的活动或产品才成为他的活动或产品"，"另一方面，每个个人行使支配别人的活动或支配社会财富的权力，就在于他是交换价值或货币的所有者"[2]。但无论是炫耀性丧礼的支付者，还是"看"传统工人阶级的文艺片观众，金钱都只是其消费的

---

[1]　雷蒙德·威廉斯：《马克思主义与文学》，第 102 页。

[2]　马克思：《政治经济学批判（1857—1858 年手稿）》，见《马克思恩格斯全集》第三十卷，第 106 页。

条件而非目的。花钱买一首挽歌，掏空其中的真切经验，以成就作为身份标识的"超现实"趣味，这其实是鲍德里亚（Jean Baudrillard）所说的"作为一种经济交换价值向符号 / 交换价值转换的消费"[1]，该消费方式也是生产方式，即具有社会区分功能的符号生产。90 年代以来，与中国社会在交换价值层面的阶层分化相配合的，是构造文化阶序的符号价值生产体系的建立。当《钢的琴》在 2011 年的文艺时尚中占有一席之地时 [2]，它所蕴含的老工业基地记忆也随即被主导性的"追悼"符码阻断，"口碑第一片"凝聚下的消费共同体已预先排除了传统工人阶级及其历史经验，因而，相当顺理成章，某种"黑色幽默"会从具体的情感结构中被抽象出来，比附为"中国版的库斯图里卡"。

对于这种抽空具体经验的"文艺片"解读模式，张猛明确表示不能认同："《钢的琴》不文艺，我是被文艺青年弄得很文艺，那是多么现实主义的一个故事啊。"[3]并且这种被异化

---

[1]　鲍德里亚：《符号政治经济学批判》，第 103 页。

[2]　尽管《钢的琴》的票房只有 500 多万，但造成其低票房的一个原因也恰好说明了此类"文艺片"的符号价值：《钢的琴》公映未久，许多院线便只在 VIP 厅放映。

[3]　张嘉：《张猛："一切都好"只是善意的谎言》，《北京青年报》2016 年 1 月 2 日。

的感知不只是事后产生的，而是早已包含在影片的叙事／情感结构之中。陈桂林造钢琴的曲折过程正是《钢的琴》本身的生产困境的同构呈现，与前者一样，这部试图表达传统工人阶级内在经验的电影不仅在生产过程中面临经济和物质条件的困窘，更大的挑战是，只有进入使经验和劳动异化的符号／价值秩序，它才能够成为产品。对于争取下一笔投资的青年导演张猛，这是成功的前提；对于"工人之子"的作者电影，却是神话的毁灭。这种困境在影片中显现为言说侧畔的缄默。陈桂林骑摩托在厂区空间中穿行，一路上对坐在后座上的父亲滔滔不绝，而后者却一直木然，没有任何反应，与陈桂林狂欢化的语言风格形成对照，陈父在影片里从始至终都是戴口罩的失语者。工人／父亲的身份是一种传承，陈桂林父子两次在水塔下默然遥望余晖，仿佛共同分享着一个时代落幕的经验，但当秉承父名的子一代言说、表演和生产时，父亲却是无法参与的局外人。"工人之子"的《钢的琴》引起了许多讨论，在其中难以听到的正是当年的工人的声音。

无声的父亲让子一代于浩歌狂热之际听到了现实的噪声。陈桂林放弃女儿的抚养权和工厂烟囱被炸掉之后，工友们又在工厂里重新聚集，钢花四溅配以小乐队的《西班牙斗牛士舞曲》和淑贤的红装热舞，"钢的琴"造成的时刻，生产者的自我表达和自我肯定达到了最高潮。但这并非曲终奏雅，钢琴的音还没有调好，一个砰然爆裂的声音突然打断了工人的工作（休息打盹的人则如梦初醒）：陈桂林的小摩托翻倒在地，车灯摔得粉碎。镜头由此切换到火葬场，烟塔下，工友们正在议论胖头女儿未婚先孕的孩子，陈桂林姐弟捧着父亲的遗像和骨灰盒从月门后走出，大家停止议论，默默排成两列送葬的队伍。送葬的场景使影片从愿景回到了现实：当工业劳动和劳动者再次获得想象性赞美的时候，曾拥有父亲之名的传统工人阶级实际上不仅缄默无声，而且已逝如尘烟。这场葬礼也不再像片头那样是他者的炫耀性消费，而是工人自己的迎生送死本身。只有面对事情本身，"钢的琴"才能作为一件礼物被送出去。经过葬礼的打断之后，陈桂林的女儿终于坐着母亲开的宝马来看父亲造的钢琴了。如果说，摔坏的小摩托意味着封闭空间中非异化劳动想象的脆弱现实基础，那么，宝马车开进工厂，则是带入了由交换价值和符号价值的生产体系支撑的社会关系，正是以面对和理解这种现实的关系为前提，"钢的琴"才不是被物神阉割的男人的虚幻慰藉，而是父亲馈赠给女儿的另类可能性。这个礼物没有价格，也无法标识社会分化中的任何消费共同体，孩子弹起它的时候，在场的每个人都若有所思，摄影机缓缓地后拉回撤，音源逐渐退入记忆的深处，明亮的音乐却与幽深的生产空间结成无限绵延的统一体，将启示送给正在观影的当下。

《钢的琴》的启示是同时关于陈桂林和张猛的事业的。影片公映后，不少人对张猛继续拍摄工人电影寄予厚望，但导演本人却在访谈中一再否定这种希望：

> 在日本接受采访的时候我说我可能有一天就会随波逐流，一旦你进入市场了，一旦你被别人看到了，一旦你拍片不是有感而发，或者有人给你拿来一个题材让你做，你可能就会失掉你想说的东西，你只能说从导演的技法上，从电影语言上争取做到不同。你真正想说的，比如我想说工人阶级，这可能是最不商业的话题，你想缅怀那个时代，但那个时代的人已经不进影院了。[1]

2016 年的贺岁片《一切都好》多少印证了上面的预言，在导演这部商业电影之前，张猛已完整践履了当初对自己的承诺——"我的作品至少前三部都要自编自导"[2]。在这三部

---

[1] 雪风：《导演张猛专访：能坚持，就再坚持一下》，《电影世界》2011 年第6 期。

[2] 唐晓诗：《张猛："小人物"带来"大福气"》，《沈阳日报》2007 年 12 月 27 日。

"作者电影"中，《钢的琴》具有"元张猛电影"的性质，它同时再现了陈桂林和张猛以失败为条件的成功，前者在造出"钢的琴"并送给女儿之前，已首先放弃了女儿的抚养权——承认了资本对自己的胜利[1]，后者在生产出对符号/价值秩序的反讽之前，已预知了自己对这种秩序的就范。像陈桂林一样，张猛是在一场必败之局中清醒地尽其所能的求胜者。这位东北老工业基地的艺术家能否获得并坚持自己的文化主体性，最终取决于曾经的历史主体重新赢回生产方式意义上的父亲之名的可能性。在新世纪的历史记忆再生产秩序中，这一父名既是被潜抑的，又不断以幽灵的方式重返。

"北方"艺术：从历史在场到幽灵重返

在20世纪80年代的中国新潮美术运动中，艺术团体的蜂起是一个引人注目的现象，"从1982年到1986年，全国各地一共成立了79个青年艺术群体，分布于中国版图的23个省

---

[1] 张猛在访谈中明确指出，陈桂林的前妻"代表的是资本的力量"。（许嘉：《张猛访谈：为工人阶级拍电影！》，《大众电影》2011年第12期）

市、自治区"[1]。在所有这些地域性的结社中，由一些东北青年艺术家组成的"北方艺术群体"，是唯一以地理符号凝聚成员的理念和创作，并由此产生重要影响的团体。尽管同一时期的其他艺术群体也不乏以成员所在地区来命名的（如同样著名的"西南艺术研究群体"），但其用以命名的地理符号却没有像"北方艺术群体"的"北方"一样，成为艺术家的创作本身的核心意象，产生这种差别的一个深层原因在于，"北方"并不只是地理空间的标识，而且意指着当代中国的某种历史遗产及面向历史的主体姿态。同大多数在 80 年代兴起的艺术家群体一样，"北方艺术群体"在 1989 年后就基本不再有宣言、研讨会和联合艺术展览等形式的团体活动，但是，以该群体的创建者、中国先锋艺术的代表人物之一王广义从 80 年代到 21 世纪初的主要创作为考察线索，可以发现，以"北方"为象喻的当代史书写并未随"北方艺术群体"的解体而消失，而是还原为更直观的实践形态，并在新的社会语境中呈现出更为复杂的表意可能。为了探究这种历史书写的当下可能性，我们有必要首先回到"北方"艺术最初形成的时刻。

王广义的组画《凝固的北方极地》（1984）被公认为最能

---

[1]　吕澎、易丹：《1979 年以来的中国艺术史》，中国青年出版社，2011 年，第 83 页。

代表"北方艺术群体"的整体旨趣的作品,这20多幅油画在刚开始创作的时候曾被命名为"人类的背部"[1],每幅画上的人都只是冰蓝或冷灰的背影,看不到的面目则朝向色彩同样寒冷的冰丘或荒原。在80年代的文化语境中,这是一种典型而极端的历史反思的姿态。如戴锦华所说,从知青文学、寻根小说到第五代电影,从"悲歌狂舞的红高粱"到"一片神奇的土地""苍凉干涸的黄土地""浊流滚滚的黄河",几乎所有著名的"北方"意象都被用以"构造一个中国历史断裂的表述,构造一处无往不复的历史舞台并宣告彻底的送别与弃置"。[2]而在东北建立的"北方艺术群体"则利用其中国"极北"的地理特征(凝固的寒冷),将这种亟需送别的"超稳定结构"的空间表述推向了极致。尽管"北方艺术群体"的宣言作者(舒群)高亢地将他们的建构称为"一个新文明的诞生"[3],但这种"面向未来"的建构,却要通过凝视似乎永远在场的历史来实现。《凝固的北方极地》所呈现的正是在寒凝的历史地貌中凝望未来的形象。

---

[1] 栗宪庭、王广义:《栗宪庭与王广义访谈录》,见黄专主编《视觉政治学:另一个王广义》,岭南美术出版社,2008年,第79页。

[2] 戴锦华:《隐形书写:90年代中国文化研究》,第122页。

[3] 舒群:《一个新文明的诞生》,见黄专主编《图像的辩证法:舒群的艺术》,岭南美术出版社,2009年,第48—49页。

"北方艺术群体"的"极北"艺术特质可以概括为"偏于理性的、冷漠、庄严、静穆的语言倾向"[1]，这是将历史对象与面对历史的主体姿态合而为一的图式，而在80年代中期人道主义和"文化热"的话语氛围中，艺术家更倾向于从生命哲学的角度阐释自己的创作："真正体现人本文化精神的艺术应是生命颂礼面对生命堕落的本能而产生的旺盛生命的最高肯定形式——崇高的悲剧艺术。"[2] 如艺术史学者所指出，王广义不无矛盾地接受了尼采的悲剧概念，试图"通过对生命意志的强化建立新的人本文化"，而根据尼采的观点，悲剧不能只有静穆的表象，还"必须展示个体的痛苦和毁灭"。[3] 似乎正是遵循着这种悲剧观，王广义创作了他的《后古典》系列（1986）。《后古典》在色调和造型上延续了《凝固的北方极地》的风格，尽管不再是"人类的背部"，但所有人物都只有面部，没有面孔，身体和服装也去除了一切表意性的装饰。王广义以抽象的方式"重写"了西方文艺复兴到18世纪的若干经典画作，使"古典"的主题（死亡、牺牲、救赎、信仰等）

[1]　舒群：《关于北方文明的思考》，见高名潞主编《'85美术运动：历史资料汇编》，广西师范大学出版社，2008年，第108页。
[2]　王广义：《我们——'85美术运动的参与者》，见高名潞主编《'85美术运动：历史资料汇编》，第109页。
[3]　吕澎、易丹：《1979年以来的中国艺术史》，第105页。

在无情绪、无装饰的零度形体中获得复现，凸显出"排斥和克服一般的怜悯感"的"崇高"与"抚慰"[1]。这种悲剧建构其实是相当自觉的对中国社会主义经验的寓言式书写，但作品本来具有的历史和现实指向却被高密度的"形而上"批评话语（包括艺术家的自我阐释）所遮蔽。

正是克服这种遮蔽的努力促成了王广义最重要的一次艺术转型，以1988年创作《毛泽东》为标志，他开始以直观而非寓言的方式表述当代史及其社会主义经验，与之相伴随的是"清理人文热情"的理论主张。王广义意识到，在"文化热"的氛围中，批评家和艺术家自己都为艺术作品"赋予了特别多形而上学的人文内涵，而不是和社会现实相关的问题"，因此，有必要通过"清理人文热情"，"把艺术问题拉回到社会现实的轨道上来"。[2]这个具有明确现实针对性的主张是作为"艺术本身"的问题被提出的："我们应当抛弃掉艺术对人文热情的依赖关系，走出对艺术的意义追问，进入到艺术问题的解决关系之中，建立起以以往文化事实为经验材料

---

[1]　王广义：《自我肯定的沉思》，见高名潞主编《'85美术运动：历史资料汇编》，第113页。

[2]　王广义、Charles Merewether：《关于社会主义视觉经验——王广义访谈录》，见黄专主编《视觉政治学：另一个王广义》，岭南美术出版社，2009年，第210—211页。

的具有逻辑试验性质的语言背景。"[1]类似形式主义的命题看起来像是远离了"北方艺术群体"的初衷——"我们的绘画并不是'艺术'! 它仅仅是传达我们思想的一种手段"[2], 但不言而喻的是, 在艺术家所处理的社会主义"文化事实"中, 艺术与社会政治、日常生活是有机统一而难以分割的, 以这种艺术作为"语言背景", 无疑是在反思历史和现实本身。

王广义80年代后期的创作, 将视觉形式的能指与当代中国人经验中最神圣又最日常的图像结合在一起, 这事实上已经具有了某种波普艺术的特征。但直到《大批判》系列在90年代引起广泛关注后, 他才被正式命名为"中国政治波普第一人"。而即使单就《大批判》而论, 在其创作完成和获得声誉之间, 也存在着值得玩味的时间差。如有研究者注意到, 王广义1990年就完成了《大批判》的创作, 但为中国"政治波普"的命名者所重视, 却是在两年之后。[3]《大批判》于彼时获得了它在当代中国艺术史上的定位, 即所谓"89后中国艺坛的后现代主义倾向"的代表: "1989年以后, 85新潮

---

[1] 王广义:《关于"清理人文热情"》, 见《艺术与人民》, 四川美术出版社, 2006年, 第8页。

[2] 舒群:《"北方艺术群体"的精神》, 见黄专主编《图像的辩证法: 舒群的艺术》, 第50页。

[3] 吕澎、易丹:《1979年以来的中国艺术史》, 第284页。

代的艺术家放弃了严肃的形而上姿态，高举解构主义的旗帜，纷纷转向政治化的波普风格。"[1]针对传统意识形态的解构游戏，在 1992 年之后被相当普遍地视为 80 年代新启蒙主义失败的后果及其替代性的边缘抵抗策略，这有意无意间屏蔽了新崛起的历史条件——随进一步"改革开放"而日益突显的消费主义机制，"政治波普"之流行的最大动力来自消费传统社会主义符号的市场需求，某种政治"禁忌"的存在恰恰成为"消费快感的隐秘而不尽之源"[2]。

《大批判》系列的图像由两种曾经截然异质的社会文化符号拼贴而成："文化大革命"中的工农兵宣传画与可口可乐、万宝路、柯达等国际品牌的广告被"亲密无间"地组合在一起。后冷战时代的来临，是这种拼贴显而易见的灵感来源，促使艺术家反观已经内在化的冷战经验，并将其作为新语境下的表现主题。一方面，王广义明确表示，他的艺术是在寻找与"冷战思维"相契合的"对立的美"[3]，《大批判》所

---

[1] 栗宪庭：《89 后中国艺坛的后现代主义倾向》，《创世纪》1993 年创刊号，转引自吕澎、易丹：《1979 年以来的中国艺术史》，第 284 页。

[2] 戴锦华：《隐形书写：90 年代中国文化研究》，第 83 页。

[3] 王广义：《"冷战有游戏的一面"——王广义答〈广州日报〉记者问》，见黄专主编《视觉政治学：另一个王广义》，第 341 页。

表达的是"西方文化和社会主义意识形态之间的一个冲突"[1]；另一方面，从后冷战时代回顾历史，他又感到，真实或想象中的冷战"有游戏性的一面"[2]，因而，名为"批判"的作品实际上已使对立的双方"在反讽和解构之中消除了各自的本质性内涵，从而达到了一种荒谬的整体虚无"[3]。与人们对"政治波普"的一般理解不同，王广义的"冷战游戏"书写并非单纯指向社会主义意识形态，而是旨在呈现冷战式对立的荒诞。但《大批判》的作者未曾意识到的是，消解二元对立和一切地方性表象的内在本质，恰是冷战之后真正得以全球化的资本主义消费意识形态的表意机制：无论是东欧反对派的文学，还是柏林墙的砖块，无论是"文革"宣传品，还是当年的"四旧"，都被包容在同一个符号 / 交换价值的体系里，冰释前嫌，待价而沽。换言之，王广义用以"反讽"消费主义的其实是消费社会本身的语言。因此，与工农兵形象的"大批判"姿态呈现为虚妄不同，围绕这些形象的商品光晕乃是实实在在的"光芒万丈"。这种光晕不仅是《大批判》所表征

---

[1]　王广义、Charles Merewether：《关于社会主义视觉经验——王广义访谈录》，见黄专主编《视觉政治学：另一个王广义》，第 211 页。

[2]　王广义：《"冷战有游戏的一面"——王广义答〈广州日报〉记者问》，见黄专主编《视觉政治学：另一个王广义》，第 341 页。

[3]　王广义：《关于"清理人文热情"》，见《艺术与人民》，第 9 页。

的现实，也是它作为艺术品的现实，正是在此光晕下，王广义成了为海外艺术策展人所青睐因而获得国际声誉的"中国政治波普第一人"。

尽管《大批判》长期是王广义最负盛名的"代表作"，但他2000年之后的作品实际上呈现出了新的旨趣，具有代表性的是系列雕塑《唯物主义者》（2001—2005）和装置艺术《自在之物》（2012）。如这两个标题所揭示的，作者在新世纪的一个重要变化是转向对"物本身"的还原，即"不把这些东西置于二元对立当中，而让它们独立地显示出社会主义视觉经验的单纯与复杂的可能性"[1]。其中，最具转型意义，也最值得玩味的，是打破了一般艺术分类的《唯物主义者》。这些雕塑也常被看作装置艺术，而装置艺术是以作品展览环境作为表意实践的内在构成的，那么，《唯物主义者》的展示空间是什么？答案是超出了狭义作品展场的社会地理和符号秩序。

2006年8月，一个新的"城市时尚地标"在昆明翠湖边的历史文化消费景观中落成，这是作为当代艺术会展中心兼商务会所的"翠湖会"。翠湖会开业当天，同时举行了王广义的《唯物主义者》的落成揭幕仪式。《唯物主义者》是一系列仿社

---

[1] 王广义、Charles Merewether：《关于社会主义视觉经验——王广义访谈录》，见黄专主编《视觉政治学：另一个王广义》，第216页。

会主义现实主义风格的工人塑像，其中一尊高擎铁锤的铸铁雕塑被安放在了翠湖会小广场正前方的临街位置。在大小民国名人旧居和依托此类历史符号建成的酒楼、会所、酒吧、咖啡馆麇集的地带，放置一尊产业工人的塑像，自然不是要树立真实历史的纪念碑，而只是循着符号／交换价值增殖的机制，利用先锋艺术家的作品为诗意消费的空间再添灵韵。

　　然而，对于具有消费指南式的历史地理"常识"同时又不谙熟当代中国艺术史的游人，邂逅这个仿纪念碑式的雕塑，却不免会收获某种意指错乱的空间经验。这种经验正如电影《云的南方》（2004，朱文导演）的主人公意外地再次遭遇"北方"。北方某城市的工厂职工徐大勤早年丧妻，独自抚养子女多年，刚退休又正好赶上儿子下岗，这时他想起了年轻时的遗憾，在认识妻子前曾有调到云南三线工厂工作的机会，却意外地失去了，他想象，倘若当年去了云南，或许会有另一种轻松惬意的人生。为偿夙愿，徐大勤终于独自去了昆明，而正当他在宾馆中梦想着泸沽湖的如画风情时，却被一个"北方小姐"（自称为父亲治病筹钱的卖淫女）敲开了房门，由此又回到了困扰不断的现实。徐大勤追怀旧梦的旅程再现了90年代后期以来中国式诗意消费主义的符号历史地理学，从对"香格里拉"的循名责实到各种少数民族及晚清民国景观

的重建（根据西方探险家、美国飞行员和海外华人的描述）[1]，
"云的南方"所代表的"自我东方化"实际上是中国各地城市
改造和文化空间建构的普遍模式，而携带社会主义工业化记
忆的"北方"（尤其是"东北"）则成了被潜抑的他者，工人
博物馆只能建在铁西区这样的"老工业区"，而不太可能出
现在消费都市的市中心，更不可能在大理、丽江、香格里拉
等"云的南方"的诗意空间，尽管在三线建设时期，这些地
方无一不是东北密切参与的西南工业化的内在构成。这种地
理区隔类似于区分存殁，逝者会被追悼和纪念，但这些仪式
必须在特定的空间进行，而不能扰乱主体对于当下生活秩序
的认同。然而，当徐大勤将对亡妻的记忆葬埋在北方，只身
来到云南，却遭遇了被压抑者的回返：梦中的摩梭少女为真
实的"北方小姐"所替代。"小姐"是否真是北方人并不重
要，关键是，她作为入侵的实在界幽灵打破了诗意消费主义
的怀旧幻象。具有同样功能的是符号性历史景观中不和谐的
历史能指，如在丽江束河古镇被"复原"的纳西民居的墙上，
会看到未及抹去的毛泽东时代的革命标语，而辨别谁是纳西
族原住民的唯一标识，则是东北小品演员赵本山在春节晚会

---

[1]　2001 年，云南省迪庆藏族自治州的中甸县正式更名为香格里拉县。

上戴的那种"钱广帽"。

与这些真实的历史印痕相比，翠湖边的《唯物主义者》更多了一重"真作假时假亦真"的吊诡。在传统工人阶级的历史已成虚妄的城市消费空间里，偶然看到这个浑身铁锈的产业工人塑像，恍惚间会误把基座上的作者署名"王广义"当作一个被授予"唯物主义者"称号的已故英模人物的名字，仿纪念碑性的雕塑由此成了侵袭"云的南方"的历史幽灵，或用齐泽克的话说，是"回归的活死人"："通过葬礼礼仪，死者进入了符号传统（symbolic tradition）的文本之中。……与此不同，'活死人的回归'处于正常葬礼礼仪的对立面。葬礼礼仪意味着某种和解，意味对损失的认可；活死人的回归则意味着，他们无法在传统的文本中找到适当的位置。"[1]作为内化后冷战东方学的诗意民族/消费主义的符号地理建构，曾经的历史主体被客体化为慎终追远的图像，安置在"老工业区"——某城或某地的当代史记忆的桃迁区，而城市文化中心区的历史景观，则用以再生产消费社会"新"主体的想象和认同。但《唯物主义者》却不受这种区域历史景观化的约束，一方面，凭借先锋艺术的身份，它得以进入消费文化空间的

---

[1] ［斯洛文尼亚］齐泽克：《斜目而视：透过通俗文化看拉康》，季广茂译，浙江大学出版社，2011年，第39页。

中心地带，另一方面，它又以直观的异质视觉经验扰乱了这里的历史记忆，使邂逅它的人——至少在一瞬间——产生关于空间和身份的疑问。

正是在上述意义上，"北方"艺术从历史在场的表述方式，成为一种幽灵的艺术。

下 编

城市与叙事——沈阳作为方法

第六章 "锈带"城市的生命政治与微时代的老/穷人

中国"锈带"城市：修辞、空间与主体

在关于中国东北工业城市的社会和文化表述中，"锈带"是一个蕴含全球性视野和普遍主义历史命题的关键词。2007年，美国华裔社会学家李静君出版了被佩里·安德森（Perry Anderson）誉为"汤普森《英国工人阶级的形成》之后的无匹力作"的《违法：中国锈带和阳光地带的工人抗争》（*Against the Law: Labor Protests in China's Rustbelt and Sunbelt*），"锈带"和"阳光地带"分别指称负载传统社会主义历史遗产的东北老工业基地和市场化时代形成的珠江三角洲工业区。在同一篇评论文章中，佩里·安德森将王兵的纪录片《铁西区》（2003）称为李静君的社会学著作的"贴切配搭"：当王兵在

沈阳拍摄老工业区的废墟影像时,"李静君正在同一座城市进行她的调查研究"[1]。同样并非偶然巧合的是二者共同的空间修辞。作为只在海外正式放映和发行的中国纪录片,《铁西区》三部曲的第一部《工厂》被翻译为在欧美接受视野中具有特定历史地理意味的《锈》(英文 *Rust* 或法文 *Rouille*),以西方工业社会向后工业社会过渡中出现的"锈带"为参照,中国传统工业空间的衰落被再现为普遍性的世界历史过程的一部分,世纪之交的铁西区看起来"不过是七八十年代美国中西部传统工业锈带区和德国传统工业鲁尔区衰落的重演,是共同的历史理性在不同的时间、空间的展开"[2]。王兵拍摄《铁西区》十多年后,在东北老工业基地经历新一轮经济衰退的背景下,"锈带"修辞更为频繁地出现在国内媒体的叙事中。但与当年《铁西区》的表述相比,最近一轮的"锈带"叙事已无法直观地书写城市地理:在沈阳这样典型的"锈带"城市,这一关键词所指涉的空间——凋敝残破的旧工厂几乎已从市区完全消失。以大规模的地产开发为媒介,国有资本在偏远的市郊建立起崭新的工业园区,老城区的工厂废墟则整体蜕变为依托于各种楼盘项目的都市消费景观。

---

[1]　Perry Anderson, "Sinomania", *London Book Reviews*, 28 January 2010.

[2]　吕新雨:《〈铁西区〉:历史与阶级意识》,《读书》2004 年第 1 期。

具体可感的"锈带"空间的消失，给既有模式的东北城市叙事带来了挑战。一方面，在21世纪的第二个十年产生影响的东北老工业基地题材电影（如2011年的《钢的琴》、2014年的《白日焰火》等）再现的仍是20世纪90年代或2000年前后的东北，导演为了塑造彼时的"典型环境"，在东北各城市努力寻找传统工业时代的遗存，与此形成对照的是，具有"现实感"的艺术家几乎无法从当下东北的后工业城市空间获得灵感。另一方面，关于经济衰退背景下的东北城市问题的表述，仍主要在"从计划经济向市场经济转型"的叙事框架内进行，仿佛又回到了20年前，东北人再次被描述为"最依赖体制"，在对"计划经济体制"的批判中，国有工业企业再次首当其冲。然而，在传统单位制被市场化瓦解之后，为城市主流人群提供就业和保障的那个特定意义的国营工厂便不复存在了，在东北主要城市（除个别单纯的资源型城市外），大多数居民的经济来源和生活保障都早已和作为市场利益主体的国企失去了直接关联。在此情形下，传媒中流行的东北城市形象——"国企型城市"基本成了话语流沙上的蜃景。这一蜃景的核心是再生产怠惰生命的福利幻象。2015年，一篇在新媒体上流传颇广的文章这样写道：

国企型城市的一大特点是福利特好，药店特多。原因无他，几乎全民医保的制度使得"买药、刷卡、套现金"的风气十分浓厚，以致成了一项特色产业。这样的经济环境还有什么出路呢？[1]

想必文章作者在写下这段话时自己心里也清楚，此时东北城市的医保与国企福利风马牛不相及。用"国企型城市"的理念来覆盖"药店特多"的具体现实，恰好遮蔽了早已离开工业生产体制的那些工人的新生命形式生产，即老/穷人（既是"老人"又是"穷人"的庞大城市人群）的再生产。进入21世纪之后，东北很快成为中国人口老龄化最突出的地区，在传统工业大省辽宁，经济数据骤然下跌前的2013年，规模以上工业职工总人数为400.62万人，其中，国有及国有控股企业只有113.56万人，而全省60岁以上老年人的数量却已达到810.9万人，仅省会沈阳就有142.7万人。[2] 辽宁省的国企工人数量甚至不及沈阳市的老龄人口数量，这意味着，尽

---

[1] 陈兴杰：《放东北一条生路！》，http://finance.ifeng.com/a/20150417/13641398_0.shtml。

[2] 辽宁省统计局：《辽宁统计年鉴 2014》，http://www.ln.stats.gov.cn/tjsj/sjcx/ndsj/otherpages/2014/indexch.htm。

同时代的北方

管改制后的国有资本生产空间仍然再生产工人，却不再生产作为城市社会主体的传统工人阶级，而当下城市老年人的主要来源却正是当年构成这个主体的主力人群——20世纪八九十年代正值壮年的公有制企业工人，在他们的生产空间成为"锈带"时，他们大多成了下岗工人，在"锈带"空间消失后，下岗工人成了老/穷人——消费社会里的老人兼穷人。在作为区域经济中心的沈阳，企业退休人员基本养老金在 2014 年人均每月仅 1972 元；[1] 与此同时，收入低于社会平均退休金的 60 岁以上的老人，每月能从医保获得的医药费（规定病种和住院除外）普遍只有 100 元左右，[2] 远不足以应对各种常见的慢性老年病。由于低工资、微薄的医保个人账户资金和日益增长的生命维护成本，在 2017 年之前，许多老年人不仅倾向于在价格比医院相对便宜的医保指定药店买药 [3]，而且愿意参与不能刷医保卡的非医药机构的药品打折促销。正是作为这种老/穷人的生命形式生产的要素（而非所谓"国企型城市"的象征），药店在工业废墟消失之

---

[1] 沈阳市统计局、国家统计局沈阳调查队：《2014 年沈阳市国民经济和社会发展统计公报》，http://www.sysinet.gov.cn/news.aspx?id=10524。

[2] 参见樊华：《沈阳市退休人员医保个人账户上调》，《沈阳日报》2014 年 1 月 14 日。

[3] 2017 年公立医院取消药品加成后，医院药价一般低于药店。

后继续显影着中国"锈带"——传统工业中心的历史废墟的在场。

微时代的"锈带"城市

在沈阳，一类特殊的药店格外凸显出老工厂消失之后的"锈带"特征。2015年盛夏，几乎每个白天都能看到一群头发斑白的老人在沈阳日报报业集团大楼前排队等候，他们刚刚在该集团下属的《沈阳晚报》的广告部买了三七等养护心脑血管的中药，正等着打磨成粉。把老人们吸引到这里的是这家报纸上刊登的广告——《沈阳晚报》自己的卖药广告。由于新媒体冲击和同行业激烈竞争等原因，进入新世纪以来，《沈阳晚报》不断面临经营困境，以致频繁调整机构、机制和人事及工资制度，探索各种增加收入的可能。[1]但卖中药却并非一家面对严峻市场形势的纸媒偶然采取的特殊创收方式。在《沈阳晚报》广告部的隔壁，沈报集团的主报《沈阳日报》的广告部也在销售三七，并且标明这是"沈阳日报沈阳购、华

---

[1]　参见梁利人主编：《沈阳新闻史纲》，沈阳出版社，2014年，第218—237页。

商晨报、辽宁广播电视台 96.9FM 乡村广播三大媒体联合推出，统一定价"。而辽沈地区发行量最大的都市报《华商晨报》不仅专门推出了"晨报三七节"促销活动，更将自己的读者服务中心变成了养生精品馆。从晚报三七到日报三七、晨报三七，乃至广电三七，沈阳的传统主流媒体相当普遍地针对老年人的血管做起了中药生意。在互联网新媒体以某种青年文化表象迅猛发展的所谓"微时代"，这类中药生意症候性地显影出老龄化的城市社会机体中老龄化的信息和文化生产器官，它们必须通过直接参与老龄人口生命的再生产来维系自身的再生产。微时代与人口老龄化的时代几乎同时降临于中国社会，"锈带"城市的媒体景观是这个具有普遍意义的生命政治悖论的突出表征。

这个悖论同时体现在沈阳传统媒体回应微时代的策略的趋同性和差异性上。区别于同城其他主流纸媒的做法，辽沈地区最大的报业企业——以《辽宁日报》为主报的辽宁报业传媒集团并没有在报社开中药铺，而是常年在总部一楼大厅进行房地产项目的宣传展示，从 2010 年至 2015 年，该传媒集团已在沈阳投资开发了四个楼盘项目。另一方面，无论是卖中药还是卖房子的报企，都在致力建设新媒体平台或发展新媒体产业。如果说，报社开中药铺，表征着老龄化城市的老龄化媒体，那么，报业资本在打造全媒体的同时投资房地产，则是微时代的题中之义。

在互联网和信息技术造就的赛博空间表象下，微时代仍然延续着被大卫·哈维（David Harvey）表述为"时空压缩"的资本主义社会地理建构的基本逻辑：资本积累和克服过度积累的征程始终需要货币、商品、信息的流动并行加速，共同扫除空间障碍——"通过时间消灭空间"。[1] 微时代的来临不是媒体形态的孤立改变，而是线上与线下两方面的产业力量同时扩张并趋向整合的结果，一方面是互联网企业的崛起，一方面是交通、物流、房地产和相关基础设施建设的空前发展。城市的空间规模和人口规模增长越快，交流、交易和交换价值的增殖越趋向即时性（新媒体的活跃度越高），使这两种趋势相向而行并互为条件的，是对最积极地响应资本逻辑的主体或生命形式的生产。从这个意义上说，微时代乃是从媒体和时间／空间体验的角度来表述的资本逻辑的生命政治的极端时代。而"锈带"城市在微时代的困境正在于，需求匮乏的主体使"时空压缩"的技术和基础设施难以有效转化为资本的增殖，弥补或改变这种匮乏又必须以更极端的方式进

---

[1] ［美］戴维·哈维：《后现代的状况：对文化变迁之缘起的探究》，阎嘉译，商务印书馆，2003年，第300—301页。

行城市地理的重构。

2015 年秋季，辽宁报业传媒集团最新投资开发的房地产项目——集精工住宅、LOFT 公寓和创意商街于一体的"024·保工印象"，在沈阳铁西区保工街开盘。该项目的销售人员在向顾客推销楼盘时会首先放映小电影，再现传统社会主义工业时代的铁西区，仿佛"保工印象"就是要在告别这个历史空间的同时留住它的印迹。把传统社会主义工业遗产转变为消费时尚，是在老工业区开发以创意文化为卖点的地产项目的普遍做法，但"024·保工印象"的特殊之处在于，其原址并不是历史悠久的老工厂，而是 2000 年才开业的东方家园建材超市保工店。东方家园在保工街建立连锁超市，属于铁西区去工业化改造的开端，经过此后十年的改造，如火如荼的商业地产和住宅地产开发将昔日的老工业区整体重塑为沈阳最宜居的消费型城区。2013 年东方家园建材超市倒闭，2015 年新地产项目在其原址上开盘，无疑属于消费社会处理自己生产出来的冗余，但正像"保工印象"的营销电影一样，市场化时代的生产过剩总被再现为传统社会主义的历史遗留，"计划经济时期"永远幻影式地在场。在这个意义上，试图解释和解决目前东北经济困局的主流舆论与通向这种困局的实践分享着同一种意识形态逻辑：必须对过去进行"创造性的破坏"。城市改造中的爆破拆除是这一逻辑最直观的形式。[1]

　　2004年沈阳冶炼厂标志性的三根巨大烟囱被炸掉，是最引人注目的城市工业空间的去工业化改造。而爆破拆除这种高效方式很快扩展到繁华商业地段的大体量建筑，与传统拆除方式相配合，成为此后十年间沈阳城市建设的常态，各种炫目一时的消费景观——商场、酒店、游乐宫等不断被宣布为落伍的冗余，而后灰飞烟灭。作为这种城市空间更新的一部分，沈阳的公共文体基础设施在同一时期被持续破坏和重建。2001年，中国足球队历史上唯一一次闯入世界杯决赛阶段，国足主场沈阳五里河体育场由此成为全国球迷瞩目和纪念的"中国足球的福地"；而在此之前，作为辽宁足球队十连冠时期的后期主场，五里河体育场几乎自诞生之日起就是辽沈球迷的荣耀之地，在它建成的第二年（1990年），辽宁队便在这里夺得了作为亚洲冠军杯前身的亚俱杯冠军。然而在2007年，仅仅投入使用18年后，这个同时凝聚地方和国家记忆的纪念性建筑便被爆破拆除，

---

[1]　"创造性破坏"最初被经济学家约瑟夫·熊彼特（Joseph Schumpeter）用来描述资本主义不断破坏旧有经济结构以创造新结构的过程；作为地理学家的大卫·哈维在使用这个说法时，着重强调资本主义发展对地理景观的改变；2016年初，面对房地产高库存，有国内房地产商引用熊彼特的"创造性破坏"来论证自己的"炸楼说"，该引用论证同时包含了前述"创造性破坏"的两种含义，但引述者仿佛并未看到，以爆破拆除为直观形式的"创造性破坏"早就在进行了。

差不多同时被炸掉的还有同样位于沈阳青年大街上的另一地标建筑——建于 1975 年的辽宁体育馆。而随着新的奥体中心在浑河（旧称"沈水"，"沈阳"本意即为沈水之北）南岸拔地而起，所谓"浑南奥体商圈"也在远离中心城区和老市民活动范围的区域迅速崛起，同样迅速出现的是商业地产的过剩，彼此毗邻或相距不过几百米的综合体里的数家影城常常空空荡荡，大量商铺门可罗雀或干脆闲置荒弃。但城市扩张的脚步却未就此停歇，在"奥体商圈"的南面很快又出现了规模更为庞大的"浑南新城"，为了把市民购房和消费的需求"拉"进这个遥远的区域，"新城"不仅规划兴建了新的市政府大楼，更将辽宁省图书馆、辽宁省博物馆、辽宁省科技馆等大型公共文化服务机构一股脑地搬了进来。其中，省图书馆新馆于 2015 年向读者开放，而它被废弃的"旧馆"在 1998 年才举行过隆重的正式开馆仪式，当时的文宣标题"开放知识宝库，迈向 21 世纪"[1]，短短十几年就成了反讽。和城市地标建筑的兴替相比，普通文体空间的消失更少受到关注。在建于 20 世纪 60 年代的和平区体育场，即使斜风细雨的上午，也能看到老人们在跑步或健走，这是他们当中许多人坚持了几十年的习惯。但和平区体育场已是沈阳市

---

[1] 辽宁省图书馆馆长办公室：《开放知识宝库迈向 21 世纪——辽宁省图书馆新馆正式开馆记实》，《图书馆学刊》1998 年第 5 期。

内五区中仅存的仍适合老人锻炼身体的老体育场，其他四个区的老体育场，除了一座被周边的楼盘压缩成了足球场，另外三座都在房地产开发中彻底化为齑粉，替代它们的是在更偏远的地带修建的更加现代化的场馆。与此同时，在道路空旷的"新城"，"业主健步走"成了醒目的楼盘促销广告。

从普通的老体育场到凝聚共同体记忆的地标建筑，各种公共文体基础设施在城市消费空间的扩张和再生产中被大规模摧毁，又以升级版的形式被大规模重建。发生在沈阳的这种"创造性破坏"，相当清晰地区隔出两个常被混淆的生命政治概念：在资本这个大他者的视点下，这座老龄化的"锈带"城市充满了过剩的需要（need），响应价值增殖要求的有效需求（demand）却极其匮乏，以至于不能不通过破坏需要的满足来制造需求。[1] 对于资本逻辑的生命政治而言，有需求的个人也是一种资本，即可以投资的人力资本或"将会产生收益流的一台机器"，在产生收益流的意义上，没有必要区分这台机器是生产者还是消费者，唯一有意义的区分是它是否正当年，因为

---

[1] 鲍德里亚将资本主义体系描述为"作为一种生产力体系的需要体系和消费体系"，以此来质疑马克思对为需要而生产和为交换价值增殖而生产所做的区分，这实际上是混淆了马克思的"需要"概念和西方主流经济学的"需求"概念。而在拉康的论述中，需求乃是作为大他者的符号秩序的要求，符号化使主体的需要转化为需求。

"这台机器，它有自己的生命期限和可用期限，它有自己的陈旧和老化"[1]。在关于东北经济和社会困境的讨论中，老龄化问题常与劳动力人口的外流联系一起，然而在沈阳，却一直有着大量的外来劳动力人口。《沈阳晚报》甚至为此专门发文回应：不同于东北三省每年净流出人口 200 万的总体情势，沈阳不仅在 2014 年新增 3 万常住人口，而且全部外来流动人口已达 111 万人，"大量因务工需求而短期来沈的外来流动人员如果找到工作机会有长期居留沈阳市的可能，因此，沈阳市外来常住人口有继续增加的趋势"。[2] 但这些资本逻辑下过剩的低端劳动力却不足以使沈阳摆脱"锈带"城市的老龄化困境，因为这一困境的关键是老 / 穷人取代了资本增殖所要求的人力资本。所有不能满足上述要求的人力都是"衰老"的，相反，只要能满足这种要求，上了年纪也不算"老"，以致退休年龄既可以提前，也可以延迟。在微时代——资本逻辑的生命政治的极端时代，变"老"的确切含义是最彻底地成为"穷"人：青年底层打工者可以为了多领一点薪酬而拼命加班，也可以在低

---

[1] ［法］米歇尔·福柯：《生命政治的诞生：法兰西学院演讲系列，1978—1979》，莫伟民、赵伟译，上海人民出版社，2011 年，第 198—201 页。

[2] 白昕：《沈阳人口未现负增长，半数"新人"来自省内》，《沈阳晚报》2015年 7 月 17 日。

端文化消费空间（往往和层级更高的空间一样消弭了虚拟和现实的界限）"娱乐至死"，老／穷人却无法这样透支身体，他们是完全没有投资价值的已经被清零的人力资本，是绝对的冗余。在新的历史条件下，老／穷人已成为最严格意义上的新穷人，尽管在当代中国学界关于"新穷人"的讨论中，这个最名副其实的主体一直处在不可见的状态。

作为新穷人的老／穷人与重建普遍主义的方法

中国学界热衷讨论的"新穷人"一词，来自英国社会学家齐格蒙特·鲍曼（Zygmunt Bauman）的著作《工作、消费、新穷人》（*Work, Consumerism and the New Poor*）。在鲍曼的叙述中，"新穷人"并不是指一个新出现的穷人群体，而是指"穷人"在新的社会生产机制下被重新界定："在消费者为主导的社会里，大批量生产并不需要任何更多的大批量的劳动，因此，曾经作为'劳动后备军'的穷人，被重新估价为'有缺陷的消费者'。"[1]鲍曼将"新穷人"凸显为"生产者的社会"

---

[1] ［英］齐格蒙特·鲍曼：《工作、消费、新穷人》，仇子明、李兰译，吉林出版集团，2010 年，第 30 页。

向"消费者的社会"转型的产物，这多少遮蔽了他事实上已经揭示出的资本主义生命政治，即穷人的生命形式取决于具体的资本积累对过剩人口的再生产方式。中国学界对"新穷人"的移译加重了这种凸显/遮蔽，在生产与消费、物质生产与非物质生产的二元对立中，作为"有缺陷的消费者"的"新穷人"，在中国语境指称的不是新历史条件下穷人的共同境遇，而是贫穷的下层白领这一特殊群体：

在政治和文化领域更为活跃的，是既不同于传统工人阶级，也不同于新工人群体的所谓"新穷人"：他们同样是全球化条件下的新的工业化、城市化和信息化过程的产物，但与一般农民工群体不同，他们是一个内需不足的消费社会的受害者。他们通常接受过高等教育，就职于不同行业，聚居于都市边缘，其经济能力与蓝领工人相差无几，其收入不能满足其被消费文化激发起来的消费需求。[1]

值得注意的是，在微时代的中国，区别于物质劳动者的

---

[1] 汪晖：《两种新穷人及其未来——阶级政治的衰落、再形成与新穷人的尊严政治》，《开放时代》2014年第6期，第53页。

"新穷人"首先是通过新媒体获得再现的。汪晖在《两种新穷人及其未来》一文中指出，除了更强烈的消费欲望，所谓"新穷人"作为"新兴媒体的积极参与者"，往往"显示出较之新工人群体强烈得多的政治参与意识和动员能力"，但这种意识和能力并没有与同样作为新时代穷人的新工人（在主流舆论中仍被称为"农民工"）发生直接关联，也就是说，"恰恰是在媒体高度发达的当今时代，阶级分隔现象日趋严重，在新工人群体与'新穷人'群体之间难以产生真正的社会团结和政治互动，从而也无从通过团结或互动产生新的政治。"[1]汪晖是在重建普遍主义阶级政治的问题意识下讨论"新穷人"和新工人这两种新穷人的区隔的，而作为他的对话对象之一，西方左翼学者安东尼奥·奈格里（Antonio Negri）和迈克尔·哈特（Michael Hardt）则以"诸众"（multitude）这一去阶级化的穷人之名来召唤和建构普遍性的政治主体。根据他们的论述，"诸众"是在高度差异化的全球社会空间生成的普遍主体，之所以会产生这种包容多样性的新普遍性，是因为全球资本主义生产已在整体上转变为"生命政治生产"——对主体或生命形式的生产：由于"在资本主义价值增殖的过

---

[1]　汪晖：《两种新穷人及其未来》，同前引，第54—56页。

程中非物质生产的霸权或主导地位"，生产的主要对象不再是物质客体，而是生产者自身的社会性生命形式及其要素，如"图像、信息、知识、感受、符码以及社会关系"等，它们"都超越了有形商品或者商品的物质性层面"，物质性商品虽然没有减产，却"越来越依赖和从属于非物质性因素和商品"。[1] 在此前提下，所有不同领域的生产者本质上都是为生产共同的生命形式而进行劳动和协作的非物质生产者，作为共同生命形式的"诸众"同时是生产的主体和产品，正如无产阶级劳动者曾被马克思设想为资本主义为自己生产出的掘墓人，"诸众"的非物质生产现在成了蕴含"摧毁资本"的政治潜能的"生命政治过程"。[2] 按照这一论述逻辑，在对"诸众"这一普遍主体的生产中，非物质生产者与物质生产者的社会分工及与之相关的阶级差异是无足轻重的。然而，如汪晖观察到的，在微时代的中国，下层非物质生产者的生命政治生产仅仅把自己生产成了一种特殊的"新穷人"。

"诸众"理论的前提悖谬在于，将资本增殖过程中非物质生产相对于物质生产的霸权地位作为普遍生命形式生产的

---

[1] ［美］迈克尔·哈特、［意］安东尼奥·奈格里：《大同世界》，王行坤译，中国人民大学出版社，2015年，第105页。

[2] 同上书，第109页。

基础，实际上是再生产了资本的霸权结构本身，因为资本从来不在当代社会分工体系的外部，而一直是其组织者。那么，在微时代是否仍然可能发现或建构真正抵抗资本逻辑的普遍性主体？齐泽克在《赛博空间时代的列宁》一文中描述了这种可能性，他在否定了（掩盖非物质生产者与物质生产者的分工与分裂的）"符号工人"的主体之名后提出，能够反转资本逻辑的恰恰是资本不断生产出来的过剩人口：

或许正是失业者的形象代表着当今纯粹的无产阶级：失业者的坚定决心依然是工人们的坚定决心，但他们既无法实现自己的决心，也无法彻底抛弃它，于是他们被悬置于无力工作的工人们的潜能之中。或许在某种意义上，我们今天全都"无业"，因为职业越来越倾向于以短期合约为基础，以至于无业状态成了常态，成了零层面，临时性的工作反而成了例外。这也是对"后工业社会"的倡导者们的回应，他们传递给工人的信息是，你们的时代已经终结，你们的存在已经过时，你们惟一能够指望的就是纯粹的人道主义同情了。在当今的资本世界中，给工人们留下的位置越来越少，在这个事实上，我们只能得出一条坚实的结论。如果今天的"后工业"社会需要越来越少的工人再生产自身（按某些人的估计，只需要工人总数的 20%），那么，真正过剩的不是工人，而是资本。[1]

所谓"我们今天全都'无业'"，是一种极而言之的逻辑推演，现实的资本灵活积累还远不足以让失业者成为后工业社会中被普遍认同的主体位置。相对于单纯的"无业"或"失业"身份，更具普遍意义也更有可能使上述反转资本逻辑的理论命题获得现实的介入力的，是一个从生命历程的角度看待同时凝聚了从业者与失业者、劳动力人口与非劳动力人口的不同身份经验的"过剩"主体，即至今尚未进入任何理论家视野的微时代穷人主体——老 / 穷人。

在微时代的中国（尤其是"锈带"城市），老 / 穷人的人生境遇正是齐泽克所描述的工人阶级在后工业社会的历史境遇："你们的时代已经终结，你们的存在已经过时，你们惟一能够指望的就是纯粹的人道主义同情了。"回溯这个主体的生命历程，无论作为传统社会主义工业时代的工人阶级，还是作为市场化和去工业化过程中的下岗工人，他们都曾备受学

---

[1] 《赛博空间时代的列宁》，见《实在界的面庞：齐泽克自选集》，季广茂译，中央编译出版社，2004 年，第 308 页。

者、艺术家和主流舆论的关注，但当他们成为微时代的老/穷人，却完全淡出了学术和舆论的视野。学界对老工人阶级的当下生命形式的忽视，联系着微时代文化研究中未经反思的青年偏好：新媒体条件下的文化和政治主体似乎天然不可能是老龄群体。

但老/穷人与新媒体的距离，与其说是由于自然年龄，不如说是源自互联网最初在中国兴起时的社会条件。20世纪90年代是传统工人群体逐渐被抛出现代化进程的时代，尤其在互联网勃兴的90年代末，国企工人下岗进行得最为惨烈，大多数下岗工人那时还远未成为老龄人口，却因为购买力的困难（在基本生活都成问题的情况下，家用电脑成了绝对的"奢侈品"）自此长期疏离于网络社会，直到他们真的变成老人。而在移动互联网媒介兴起的微时代的最近阶段，社会和技术条件都发生了不小的变化，首先是社会福利和保障体系在剧烈的市场化过程后重建，继而是比电脑更便捷的低端智能手机作为廉价商品在全社会普及，以至于成为老/穷人的老工人也可以分享这种技术进步的成果，所以今天使用微信的老年人比过去使用任何一种网络社交媒体的老年人都远为众多。

尽管由于老/穷人群体的边缘性和微信朋友圈的相对封

闭，这一群体在新媒体中的声音仍极其微弱，但在他们成为微文化主体的非常短暂的时间里，与他们最直接相关的养老和社保议题却已然作为普遍的社会关切在跨越不同年龄的新媒体社群中传播。当各个年龄的人群以切己的代入感就这些问题进行转发和发言的时候，他们事实上已经表达了一种普遍性的认同："我们都是老/穷人。"老龄化社会正在使中青年劳动者产生新的现实感，即越来越强烈地感受到，现在的工作是为自己或许并不短暂的老年阶段而进行的，当前为这一生命阶段提供支持的社会福利和保障制度不仅仍不完善，而且一旦遭遇经济下行的压力便显得岌岌可危。一个显而易见的矛盾是，福利制度的难题不是物资匮乏条件下的难题，而是伴随着高度的商品丰裕和生产过剩。因此，在对老/穷人的普遍认同中，被认同的主体位置已从资本视点下的绝对过剩，转而成为发现和质疑资本逻辑的内在矛盾的焦点。

与此同时，就老/穷人群体本身的朋友圈来说，对稳定而广泛的需要保障的诉求，突出地体现在两类文章的高转发率上，一类是缅怀毛泽东时代的文章，一类是关于养生保健的文章。毛泽东时代和养生，这两个话题的奇异并置，表明了老/穷人的历史怀旧所蕴含的现实诉求：与其说他们真想回到普遍保障与普遍匮乏相伴随的计划经济时代，毋宁说他们是在重申 80 年代改革的社会主义初衷，即为满足"人民日益增长的物质文化需要"而发展"社会生产"。构成这一初衷的两个核心关切"社会生产"和"人民需要"，在后来市场化的实际过程中，被它们的异化形式"资本增殖"和"消费者需求"替代了。老 / 穷人缅怀前改革年代的历史，其实是为改革正本清源。

综上所论，无论作为抵抗资本逻辑的主体位置，还是携带传统社会主义经验的生命主体，老 / 穷人都使中国"锈带"不再是主流"锈带"叙事可以容纳和解释的。沈阳以及东北老工业基地曾是市场化叙事中的问题个案，也曾是从西方后工业社会经验出发的区域比较研究中的落后对象，而从微时代的老 / 穷人的角度看，它们更有理由成为一种新方法——显影资本逻辑的生命政治的薄弱地带，并由此探究社会主义生命形式生产的可能性的方法。

第七章 双雪涛的小说与当代中国老工业区的悬疑叙事

　　双雪涛是近年日益为当代文学批评界关注的小说家。作为新时期以来形成的文学批评的成规与惯例，最新"浮出历史地表"的作家作品往往被置于文学写作的内部脉络或序列中来讨论，双雪涛的情况却有些特殊，在批评家为他的小说——尤其是他最受关注的中篇小说《平原上的摩西》——所建立的前文本参照系中，最直接相关的并不是小说或文学作品的序列，而是若干电影文本，即《铁西区》《钢的琴》《白日焰火》等再现90年代到新世纪初的东北老工业基地的影片。这个跨媒介的批评参照系部分契合了双雪涛自述的创作动机，他在访谈中将观看一部讲"东北发生的罪案"的电影追溯为创作《平原上的摩西》的"源头"，这次观影使他产生了用"跨度更大，更绕一些"的同类叙事"为那些被侮辱被损害的我的故乡人留一点虚构的记录"的想法。[1]《平原上的摩西》创作于 2014 年，是年 3 月，《白日焰火》在国内公映，无论它是否就是双雪涛所指的那部讲"东北发生的罪案"的电影，以其为开端的一种空间叙事类型都显而易见：从《白日焰火》到《闯入者》《黑处有什么》《暴雪将至》，从东北工业城市到内地三线工厂，2014 年以来，表现当代中国老工业区的电影，大多以难解的悬案作为核心情节。而从《平原上的摩西》开始，以罪案悬疑叙事书写东北老工业区，已成为小说家双雪涛持续进行的实践。跨媒介批评的视野中，他的小说不只具有再现特定现实的意义——过去主要由电影讲述的老工业区故事终于获得了有分量的文学载体——而且个性化地凝聚着普遍性的再现方式问题：悬疑叙事何以会成为老工业区故事的主要叙事形式？除了个别学者的敏锐破题，对这一问题的历史化探究尚未充分展开。

历史记忆与对话主体

在对电影《暴雪将至》的讨论中，青年学者罗雅琳通过

---

[1] 双雪涛、三色堇：《写小说是为了证明自己不庸俗》，《北京青年报》2016 年 09 月 22 日。

对比"五六十年代有着清晰结果的'反特片'"，将以 90 年代工厂为背景的"没有结果的悬疑片"读解为碎裂的记忆和记忆者——因"下岗潮"而瓦解的工人主体的表征。[1] 探案者迷失在悬案中，成了茫然无助的当事人，这的确与市场化浪潮中失去"主人翁"身份的下岗工人在情感经验上同构互通。然而，"没有结果"只是老工业区悬疑叙事的一种特殊的结局，无论在《白日焰火》里，还是在《平原上的摩西》中，难解的悬案最终都案情大白。更为重要的是，这类悬疑文本最直接的书写对象往往不是案件及其探查，而是当事主人公回顾性的视点和叙述行为，前者是通过后者建构起来的。换言之，先于或明晰或模糊的记忆内容（有结果或无结果的探案故事），重建历史记忆的尝试展现为悬疑的直接起源。

就案件事实而言，《平原上的摩西》的故事十分透明：年轻的刑警探明了 12 年前的悬案，发现涉案人是自己儿时的邻家父女。小说的悬疑感来自为还原真相而营建的叙事迷宫，所谓真相不仅是指案件本身的事实，更是指它深嵌其中的历史背景：90 年代到新世纪初的东北老工业区究竟发生了什

---

[1]　罗雅琳：《从〈白日焰火〉到〈暴雪将至〉：犯罪悬疑片为何钟爱旧工厂？》，《澎湃新闻》2017 年 12 月 3 日，https://www.thepaper.cn/newsDetail_forward_1887077。

么？双雪涛用历史亲历者的多角度交叉叙事来回答这个问题。《平原上的摩西》一共由7位第一人称叙述者进行了14次叙述，叙述者按叙述次数多寡排序依次为李斐（4次）、庄树（3次）、庄德增（2次）、傅东心（2次）、蒋不凡（1次）、孙天博（1次）、赵小东（1次）。其中，李斐和庄树不仅在叙事层面是出场最多的叙述者，而且在故事层面牵引着最核心的人物关系。李、庄两家曾是同一个工人社区里的邻居，李斐既是庄树的儿时玩伴，又是其母傅东心唯一的学生，1995年，李斐的父亲李守廉下岗，庄树的父亲庄德增成了民营企业家，李家与庄家分离，直到2007年，因为侦破12年前的悬案，刑警庄树重新见到了作为涉案人的李斐。传统工人社区在90年代的市场化中瓦解，由此分化出来的不同阶层及其个体对同一历史过程有着不同的经验和感知，在重建历史记忆的意义上，《平原上的摩西》的多角度交叉叙事是分化离散的亲历者围绕社群瓦解过程进行对话的形式。

在小说《北方化为乌有》中，双雪涛将消散的工人阶级有机社群称作"北方"。"北方"作为人文地理能指，在古代中国主要指涉黄河流域的农耕文明核心区，而双雪涛书写的东北则长期是"华夏边缘"，内在于"北方"的"东北"命名产生于工业文明时代和建构现代民族国家的语境，在新中国的建立和建设中，由于担纲工业基地和社会主义现代性前沿，"东北"转而成为"北方"本身的代表。以此为历史前文本，《北方化为乌有》叙述了两位漂泊北京的东北青年作者关于一桩故乡悬案的对话：小说家刘泳根据十多年前父亲在东北工厂遇害的悬案写了一个长篇小说的开头，除夕之夜通过他的女出版人（一个来自南京的"北漂"）得知，一个素不相识的东北女孩的未完成习作写了同样环境里的同一个故事，他当夜便向女孩面询故事的来源和细节，女孩像是和他讨论小说写法一样复盘了案情真相，在此过程中，对他们未完成的小说感兴趣的女出版人睡着了。除夕夜的三个"北漂"都是交换价值生产体系中归属感匮乏的原子化个体，因此女出版人会对两位东北作者回忆有机社会的小说产生共鸣，但情感结构的限定使她无法将"北方化为乌有"体认为自己的故事。一种具体的情感结构来自特定社群环境中成长的一代人对其"所继承的那个独一无二的世界"进行回应的过程，既保持与之前世代的"连续性"，又"以某些不同的方式来感受整个生活"。[1]女孩告诉刘泳，她是从当年在工厂做喷漆工的姐姐的信里得知案情真相的，姐姐失踪已久，而在她的信里，那位

---

[1]　［英］雷蒙德·威廉斯：《漫长的革命》，倪伟译，上海人民出版社，2013年，第57页。

遇害的父亲本身就是"北方化为乌有"的叙述者。这个套层叙事与围绕同一主题的多角度叙事互为元叙事，二者的互文关系表明，年轻的老工业区写作者不仅在同代人内部对话，也以自身经验读解当年的"成年人"的话语，借此反身更新自己的记忆和理解。

但双雪涛小说中的对话性诠释，并非伽达默尔（Hans-Georg Gadamer）意义上的"视域融合"，这种"融合"的历史建构往往是"权势者对无权势者的独白"[1]。在小说《跷跷板》中，"我"女朋友的父亲刘庆革临终前告诉"我"一个秘密：他1995年从国营厂长变成私企老板时，让一批无法再"养活"的工人下岗，其中一人拿他女儿要挟报复，他杀了这个工人，埋在厂区幼儿园的跷跷板下，最近梦见死者表示理解他的做法，但求迁葬立碑。"我"受刘庆革的嘱托在跷跷板下挖出了遗骸，但在进入废旧厂区的大门时发现，他向"我"描述的"死者"其实是他一直雇用的看门人。《跷跷板》书写了一种颠倒的悬疑，案犯自揭罪案，唯一揭示案情的自供词却疑窦丛生，在"我"与刘庆革无法"融合"的视域之间是无名罹难者的空白文本："墓碑上该刻什么，一时想不出，名

[1] ［英］特雷·伊格尔顿：《二十世纪西方文学理论》，伍晓明译，北京大学出版社，2007年，第72页。

字也许没有，话总该写上几句。"[1]探解悬疑的含义因此不再是追索凶嫌，而是求索一种话语，使被遮蔽的历史经验显影。

《北方化为乌有》写的正是这种话语求索，元小说式的案情复盘没有制造"客观真实"的幻觉，却为罹难者赋予了参与历史建构的对话者身份。关于罹难者的对话赋权，最凝练的表述是双雪涛在小说《走出格勒》中引用的曼德尔施塔姆《列宁格勒》的诗句："我可以召回死者的声音。"[2]在这篇小说里，小说家"我"少年时居住在艳粉街棚户区，离开艳粉街前夕，为了追寻一度拿走"我"的钢笔的女孩，"我"在被女孩叫作"列宁格勒"的旧煤厂里跋涉：背负一具途中发现的无名少女的尸体，嘴里咬着父亲送给"我"的钢笔，走向铁锈斑驳的大门。负尸衔笔地走在"格勒"里，隐喻着小说家对历史（90年代的东北老工业区及作为其转义的社会主义历史）书写责任的承担，而那支在"我"、艳粉街女孩和从工人变成囚犯的父亲之间流转的钢笔，则是有机性的历史书写的自我指涉。如葛兰西（Antonio Gramsci）所说，"一切的人都

---

[1] 双雪涛：《跷跷板》，见《飞行家》，第20页。

[2] 双雪涛：《走出格勒》，见《平原上的摩西》，百花文艺出版社，2016年，第192页。曼德尔施塔姆《列宁格勒》共7节14行，"我可以召回死者的声音"（北岛译）是第五节的最后一句，在《走出格勒》中，"我"的背诵到这句为止。

是知识分子，但并不是一切的人都在社会中执行知识分子的职能。"[1]作为职业小说家，双雪涛是老工业区历史中的牺牲者和边缘人的有机知识分子，他的每一篇以悬疑叙事书写老工业区的小说都是关于边缘历史经验的话语探索，这些小说中每一个看似沉默的小人物，都是潜在的历史书写者。

在"北方"的瓦砾下，在"格勒"的废墟里，发掘被掩埋的对话主体及潜藏的历史书写可能，是双雪涛的老工业区悬疑叙事的核心。由此来看《平原上的摩西》的多角度交叉叙事，七位第一人称叙述者并不是对话的全部参与者，除了他们显在的叙事话语，更值得关注的是没有成为叙述者的主人公参与对话的方式。在小说的主要人物中，唯一不是叙述者的下岗工人李守廉恰好是悬案的直接当事人，他的经验和思想不仅透过女儿李斐的叙述呈现出来，也作为具有不同意味的他者话语分别出现在警察、私企老板和知识分子的叙述中。小说以特定的叙述人和被述人身份再现与社会权力相匹配的话语权力关系，但同时表明，这种权力关系并不足以改变社会生活的对话性质："生活中的一切都是对话，也就是对

---

[1] ［意］安东尼奥·葛兰西：《狱中札记》，葆煦译，人民出版社，1983 年，第422 页。

话方式的对立。"[1]《平原上的摩西》中的悬案深嵌于90年代的老工业区生活，作为悬疑感来源的叙事迷宫首先是作为对话形式的生活空间的迷宫。

对话性城市：作为历史入口的迷宫

《平原上的摩西》以一座老工业城市为背景，城市的名字没有直接出现在小说里，但即使不熟悉这座城市的评论者也看得出来：小说写的是沈阳。这是因为小说里的悬案发生地艳粉街早已凭借王兵的纪录片《铁西区》（第二部《艳粉街》）而闻名遐迩。以艳粉街为最易识别的地理标志，评论者往往会把《平原上的摩西》看作对当代沈阳的物质现实复原，仿佛这部小说的叙事是福克纳式的，而城市环境的再现却是巴尔扎克式的。《平原上的摩西》中的城市的确汇集了大量真实的沈阳空间细节，从实名叙述的街道、公园、河流、山岗、工厂到原样描摹的图书馆，都足以令本地读者倍感亲切。然而，恰恰是在艳粉街这个关键地点，小说的空间再现自我消解了仿真效果，绘

---

[1] ［苏］米哈伊尔·巴赫金：《陀思妥耶夫斯基诗学问题》，刘虎译，中央编译出版社，2010年，第49页。

制出一幅南辕北辙的导览图：真实的艳粉街位于沈阳市内五区中最西边的铁西区，而《平原上的摩西》中的艳粉街却在城市的"最东头"。在细节真实的意义上，如果将艳粉街当作指认一座城市的标志，那么甚至可以说《平原上的摩西》写的就不是沈阳。但从作为对话形式的生活空间的角度看，沈阳叙事的仿真谬误却正是这座工业城市的历史入口。

在勘察 12 年前的案发现场时，刑警庄树发现艳粉街已在城市改造及地产开发中面目全非，探解悬案因此首先是根据档案照片进行历史地理复原。而这种复原也是城市改造的一部分。经过新世纪十余年来的改造，沈阳铁西区老旧的工厂和工人社区大多被崭新的楼盘和消费景观所覆盖，在此过程中，一些老建筑作为创意文化产业的场址被保留下来，结合实物和图像资料展览传统社会主义工业时代的历史。如沈阳铸造厂旧址建立了中国工业博物馆，并专门设有讲述铁西区历史的展馆，其中循环播放着由王兵的《铁西区》剪辑而成的宣传片，在老工业区"浴火重生"的大叙事里，铁锈和废墟的纪录影像被用来回溯沧桑，为通抵消费社会的发展履历平添了悲壮的诗意。"锈带"蜕变为消费社会之后，物质现实复原模式的历史地理书写失去了曾经的批判性，被挪用和收编为意识形态再生产的材料。在这一语境下，《平原上的摩西》

中艳粉街的方位错置是从意识形态"脱嵌"的形式，也是叙事的自指形式，以此指明小说里的沈阳并非不言自明的"现实之城"，而是一座经验和话语中的城市，亦即无法被客体化的对话性城市。如巴赫金（M. M. Bakhtin）所指出，在对话性文本中，不存在对环境的客观描写，"物及物际关系"都被"包容在主人公的精神及其音调里"，"在这个由主体组成的世界里，任何将自己的材料变成客体的意识形态主旋律或意识形态结论都是不可能的"。[1]

除了作为案发现场的艳粉街，《平原上的摩西》中另一个与悬案直接相关的地点是"南京街和北三路的交口"，李守廉父女在此上了化装成出租车司机的刑警蒋不凡的车，被后者误判为他正在侦办的系列命案的嫌犯，从而导致了随后在艳粉街发生的悲剧。对于整个事件的一头一尾两个地点，小说都使用了真实的沈阳地名，又都制造了仿真谬误，像"最东头"的艳粉街一样，"南京街和北三路的交口"也是淆乱空间方位的城市地理表述。

在沈阳的地名体系中，"路"与"马路"是不同的道路名称，"北×（数字）路"是铁西区的道路，而"北×（数

---

[1]　巴赫金：《陀思妥耶夫斯基诗学问题》，第110页。

字）马路"是和平区的道路，南京街位于和平区，与北三路并无交集，实际与它相交的一条道路叫"北三马路"，一字之差，却指称迥然不同的城区环境。北三路横贯铁西工业区北部，两侧工厂林立，而北三马路与南京街所属的和平区既是居民最密集的市中心居住区，又是城市的商业和文化中心所在地。这种城区的功能性区分在新世纪被重构为区域景观化的历史再现逻辑，从纪实风格的电影到与地产开发、创意文化产业相配合的城市规划，不同面向的城市历史被分配给不同的区域景观，铁西区这类狭义的"工业区"被从工业城市的有机整体中抽离出来，再现为孤立、封闭的工人生产生活世界，与胡同民居、商业街老字号等代表的所谓"传统市民空间"相区隔，在消费社会的景观化的历史记忆中，仿佛后者从来不是工人阶级社群空间的内部。

然而，在《平原上的摩西》中，工人李守廉却恰恰是从"胡同里"走出来，进入警察蒋不凡的视野的，在这位城市治安维护者看来，其工作最大的潜在挑战在于，"最近满大街都是下岗工人"[1]。这是从特殊的职业角度复原的传统工人阶级有机城市的解体时刻：工人下岗后成了自己的生活空间的他者。

---

[1] 双雪涛：《平原上的摩西》，见《平原上的摩西》，第 7 页。

李守廉下岗前一直居住在红旗广场旁的工人社区里，他的邻居庄德增和傅东心是市卷烟厂的职工，在请傅东心做自己女儿的老师时，他特意买了秋林公司的点心，这些广场、工厂、老字号百货公司的实际地址都在和平区南京街与北三马路附近。李守廉消失 12 年后再度进入警方视线，源自一次城管的暴力执法，并非偶然巧合的闲笔，小说称涉事城管属于"和平区行政执法大队"。另一方面，小说将李守廉的工作单位设定为小型拖拉机厂——实际厂址位于铁西区的工厂，因此这位和平区居民同时又是铁西区工人。作为工业城市，沈阳的大工厂尤其是重工业企业主要布局在城市东西两翼的大东区和铁西区，除了东西两区本身的工人住宅区，这些大厂的工人大量居住在市中心；与此同时，市中心也零散分布着众多以轻工业为主的中小型工厂，在传统社会主义工业时代，城区的功能性区分并没有阶层区隔与之相对应，因为整个城市空间就是围绕工人阶级有机地组织起来的。这种空间组织在当下近乎被遗忘，《平原上的摩西》对它的再现犹如展开一幅叠合日久、折页墨迹粘连的沈阳地图，艳粉街被折印到了"最东头"，北三路被与和平区的街道叠印在一起，城市内部失去了清晰的界线，被图绘为一座迷宫。迷宫的意义在于打破区域景观化的历史再现逻辑，使（小说和城市）文本的细读者触摸到关于工人阶级有机城市及其解体时刻的主体经验：

> 他指了指那个孩子，去艳粉街，姑娘肚子疼，那有个中医。我说，看病得去大医院。他说，大医院贵，那个中医很灵，过去犯过，在他那看好了，他那治女孩儿肚子疼有办法。我想了想说，路不太熟，你指道。他说，好。然后把后面的车门拉开，坐在我后面，女孩儿把书包放在腿上，坐在副驾驶。
>
> 艳粉街在市的最东头，是城乡结合部，有一大片棚户区，也可以叫贫民窟，再往东就是农田，实话说，那是我常去抓人的地方。[1]

李守廉专门打车去艳粉街给女儿看病，从警察一方的视角来看，他的行为和解释都十分可疑，但作为主体对话形式的城市空间却为嫌疑人提供了有力的辩词。李守廉打车的"南京街和北三路的交口"转喻着南京街和北三马路实际相交的地点，这个地点恰好是沈阳最好的医院中国医科大学附属第一医院的大门口，作为工业区标志的北三路叠印于此，使

---

[1] 双雪涛：《平原上的摩西》，见《平原上的摩西》，第 9 页。

空间反讽（在医院门口打车去看病）成了对主人公的反常行为（去偏远的艳粉街求医）的历史解释：传统国营工厂体系的崩解让工人失去了传统社会主义的福利与保障，城市里的相关空间设施如故，却与昔日的主体相疏离。李守廉去艳粉街找的医生是自己在小型拖拉机厂的工友——另一位下岗工人，他在下乡时学过中医，下岗后在李守廉的帮助下开了个小诊所。在90年代剧烈的市场化风暴中，通往艳粉街之路，凝聚着梗断萍飘的下岗工人彼此艰难扶助的底层经验。但对于履行破案维稳职责的警察蒋不凡，同一目的地却只意味着贫穷和犯罪，按照这种对城市空间的理解，他莫名所以地自酿自述了自身作为受害人之一的悬案。面对传统工人阶级有机城市的瓦解，历史的见证者们因主体位置的差异而拥有不同的经验和不对等的表述经验的权力，悬疑在此意义上是那些最容易被听到的主流言说（如治安刑侦话语，以及下文讨论的资产者的怀旧话语）的症候，主流的城市叙述者不能理解自己叙述的边缘他者的城市生活经验，无法对其进行完整呈现，但又无法完全回避彼此间的对话关系，边缘性的城市经验以断片的形式存在于主流言说的内部，令其充满裂隙，语焉不详，疑窦自生。而正是这些经验与话语的断片，构成了老工业区悬疑叙事真正要讲述的历史。

悬疑化的怀旧与寓言化的历史

关于双雪涛小说中的悬疑与城市，和他同样在沈阳长大的青年作家淡豹做过一个生动而贴切的比喻："这个工业城市本身正是新时代的一桩悬案。"[1] 值得注意的是，像《走出格勒》中用"列宁格勒"命名的艳粉街煤厂一样，只有转义为一种超越其地方性的历史，"这个工业城市"作为"悬案"的意味才得以充分显现。沈阳是社会主义普遍历史的寓言。在《平原上的摩西》中，刑侦悬案的发生地艳粉街无法直接实现这种转义，地方性与普遍性的转换枢纽是作为悬疑化怀旧空间的广场与"平原"。

1995 年之前，小说的主人公李、庄两家人共同居住在红旗广场旁的社区里，而在两家分离后，李守廉和庄德增唯一一次相遇，正发生在红旗广场改造的情境中：广场中央的毛主席塑像被拆移，代之以太阳鸟雕像。这是《平原上的摩西》的沈阳图绘的又一例空间叠合。"红旗广场"是沈阳中山广场 1969 年至 1981 年的曾用名，也是今天这座城市的老居民对该地点的习惯性称呼，在这一名称诞生的同一年，广场

---

[1]　淡豹:《养成作家》,《界面新闻·正午》2017 年 01 月 05 日，http://www.jiemian.com/article/1053713.html?_t=t。

中央建成了大型主题雕塑《毛主席无产阶级革命路线胜利万岁》，毛泽东全身塑像高高耸立在基座之上，基座四周是表现20世纪20年代至60年代的中国革命史的工农兵群塑。这组雕塑在2007年被列为辽宁省省级文物保护单位，未曾有过整体性的拆除或移动。而小说中替代毛主席塑像的太阳鸟雕像，实际上是沈阳的另一个广场——市府广场上的雕塑，其原型是1978年在沈阳北郊的新乐遗址（新石器时代遗址）发掘出的一个已经碳化的抽象木雕，据说是鸟形远古图腾，后被命名为"太阳鸟"，1998年，巨型太阳鸟雕像作为沈阳市的标志被安放在市府广场中央，2010年，市府广场修建地铁站，太阳鸟雕像被移至新乐遗址博物馆。《平原上的摩西》将上述两座广场及其景观的变与不变叠合在一起，充满想象和洞察地书写了两种城市符号相互替换的当代史："千禧年前后"，太阳鸟替代了毛主席像，2007年，后者又替代了前者。

关于太阳鸟替换毛主席像的情节，批评家黄平读解为历史观的变化，即"不再以'阶级'而是以'民族'理解历史"[1]。需要进一步辨析的是，"民族"与"阶级"在毛泽东时代并不是非此即彼的对立范畴，"民族独立"与"人民解放"、"共和国长子"

---

[1] 黄平：《"新的美学原则在崛起"——以双雪涛〈平原上的摩西〉为例》，《扬子江评论》2017年第3期。

与"工人阶级老大哥"、民族国家叙事与阶级叙事相互支撑，共同建构起"阶级—民族"的身份认同 [1]。因此，新时期的历史叙事与其说是以"民族"取代"阶级"，不如说是以"乡土—民族"取代"阶级—民族"。以本地考古发现建构乡土或地方文化，始于 80 年代的"考古寻根"热，该热潮的核心是中华文明起源论述的范式转换——强调多地多源的"满天星斗"说取代了把黄河流域看作唯一"摇篮"的"大一统"说 [2]。在 90 年代和新世纪初的市场化语境中，乡土文化建构成了"经济唱戏"的舞台，衰落的老工业基地借此招商引资，作为沈阳标志的太阳鸟雕像是为吸引外部投资者和消费者的目光而自我乡土化的表征。而在当代沈阳人的内在经验中，所谓"乡土"记忆就是对传统社会主义城市空间的记忆，新建的地方性景观反倒是古怪的外来物。因此，在《平原上的摩西》里，太阳鸟被老工人说成是"外国人设计的"，第一次城市符号替换的时刻，不仅老工人们聚集在红旗广场保卫毛主席塑像，已是民营企业家的庄德增也忍不住打车回到这里怀旧，他将广场上的毛主席塑像体认为"我故乡的一棵

---

[1] ［美］杜赞奇：《从民族国家拯救历史：民族主义话语与中国现代史研究》，王宪明等译，社会科学文献出版社，2003 年，第 11 页。

[2] 参见苏秉琦、殷玮璋：《关于考古学文化的区系类型问题》，《文物》1981 年第 5 期。

大树"[1]。

　　这棵"故乡之树"无疑是各个阶层共同分享的记忆与认同的超级能指，无法胜任这一能指的太阳鸟最终被从广场移除，小说中的第二次城市符号替换——毛主席塑像的回归意味着基于超级能指的意识形态修复，即缝合因阶层分化而产生的表意断裂，在市场化语境中实现重构。但作为这种重构的基础，"故乡之树"从一开始便被小说置于悬疑叙事的张力中。在第一次城市符号替换的现场，庄德增望着即将拆移的毛主席塑像感怀往昔之际，他的怀旧突然被神秘的出租车司机的莫名提问打断："你知道那底下有多少个？"[2]使怀旧主体陷入悬疑的他者话语来自庄德增未能认出的昔日邻居李守廉，他问的是毛主席塑像底下的工农兵塑像的个数，间离于资产者对超级能指的注目，这位下岗工人向基座的群塑移情。小说以这种记忆焦点的分化凸显出 90 年代形成的"锈带"底层的情感结构：一方面，这一底层对"主席"怀有最深挚的乡愁；另一方面，该乡愁蕴含的复杂历史经验无法通过常识化的怀旧表象显影。如雷蒙德·威廉斯所论，情感结构伴随阶级的分化而分化，个中张力"要在那完全崭新的语义形象中体

---

[1]　双雪涛：《平原上的摩西》，见《平原上的摩西》，第 23 页。
[2]　同上。

现出来或被表达出来"[1]。

在去红旗广场的出租车上，李守廉的悬疑形象是一张盛夏中午戴口罩的脸，口罩是人物的面具，也是其创伤的外显，在小说以断片拼接的方式还原"蒙面人"身份时，对基座群塑的移情叙事，成了与面具相对应的历史创伤的标记：

> 父亲摘下口罩，把买好的菜拿进厨房。吃饭时，父亲说，广场那个太阳鸟拆了。我说，哦，要盖什么？父亲说，看不出来，看不出形状，谁也没看出来。后来发现，不是别的，是要把原先那个主席像搬回来，当年拉倒之后，没坏，一直留着，现在要给弄回来。只是底下那些战士，当年碎了，现在要重塑。不知道个数还是不是和过去一样。[2]

小说中的破碎群塑是在沈阳红旗广场雕塑的真实历史印痕基础上的虚构。这组雕塑不仅是叙述中国革命史的文本，也是关于文本的文本，毛主席塑像基座四周，众多工农兵塑像姿态各异地手持一本本题名清晰的经典革命著作，但也有不少人物

---

[1] 雷蒙德·威廉斯：《马克思主义与文学》，第 144 页。

[2] 双雪涛：《平原上的摩西》，见《平原上的摩西》，第 49 页。

塑像显豁地举手空捏，其手中的"红宝书"作为异质历史的标记在新时期被清理凿除 [1]。意识形态文本的历史凿痕被《平原上的摩西》身体化了，与李守廉叙述的破碎群塑同构，小说中的各种底层身体的伤残——李守廉自己被击穿的左腮，其女李斐截瘫的下肢，以及他所关注的小贩女儿被烫伤的脸，无不是具体历史过程的留痕。从超级能指向基座塑像的移情因此是反询唤的质询形式：在社会变迁中断裂的意识形态可以缝合并重塑，铭刻历史创伤的普通生命也能随之修复吗？

90 年代到新世纪初的历史创伤是老工业区悬疑叙事的缘起，但双雪涛的小说却并非抚摩旧创而悲情徒叹的新伤痕文学，悬疑叙事既是质询历史的形式，也是基于历史对未来可能性的富于张力的探究。在《平原上的摩西》的结尾，庄树和李斐在北陵公园的人工湖上重逢，故事和历史的僵局成了小说的终极悬疑，而小说的标题则在此时展现为面对历史的创伤性僵局的主体姿态：庄树用"把这里变成平原"的承诺来回应李斐引述的《旧约·出埃及记》（Exodus）中摩西率族人过红海的典故。如果说"摩西"意味着打破僵局的创造性"出走"（Exodus），那么"平原"则是参照历史经验构想的

---

[1] 成文军:《图说毛泽东雕像》，解放军文艺出版社，2013 年，第 56 页。

愿景。庄树最初调查艳粉街悬案时，在蒋不凡的遗物中发现了一颗平原牌香烟的烟头，该品牌香烟的烟盒上印着十多年前傅东心为李斐画的像，这条线索并未对破案起到实际作用，却成了单纯的刑侦视野的一条裂缝，让年轻的刑警逐渐回想起自己童年时代的社区生活。小说收束于庄树视角的特写：再现"我们的平原"的烟盒漂在水面上，载着当年的李斐走向岸边。这一镌印记忆的特写寄寓着关于未来的愿望。而愿景的最初描绘和命名则是来自李斐自己的回忆：

> 很多年之前，傅老师在画烟盒，我跪在她身边看，冬天，炕烧得很热，我穿着一件父亲打的毛衣，没穿袜子。……画好草稿之后，我爬过去看，画里面是我，光着脚，穿着毛衣坐在炕上，不过不是呆坐着，而是向空中抛着"嘎拉哈"，三个"嘎拉哈"在半空散开，好像星星。我知道，这叫想象。傅老师说，叫什么名字呢，这烟盒？我看着自己，想不出来。傅老师说，有了，就叫平原。[1]

"平原"图像及其绘制密切关联着一个具体的生活空

---

[1] 双雪涛:《平原上的摩西》，见《平原上的摩西》，第38页。

间——东北平房民居中的火炕，紧接着这段主体动作丰富的炕上回忆，李斐想起了自己经历艳粉街罪案苏醒后的局促空间：失能的身体躺在一张床上，孙天博坐在床边曲里拐弯局促地摆着扑克。两段回忆的对照无疑有器物使用习俗上的依据：区别于私人意味明确、仅以睡卧为功能的床，炕在家庭睡眠时间之外，是社群人际交往的空间，从成人待客、聚饮到同学少年读书、游戏，皆可"上炕"进行。但是，炕并不能在地方民俗的意义上成为"平原"的原型，它在小说里的社群含义是高度语境化和历史化的。在回忆"平原"之前，李斐首先叙述的是搬家之后的炕：

> ……第一天搬进去，炕是凉的，父亲生起了炉子，结果一声巨响，把我从炕上掀了下来，脸摔破了。炕塌了一个大洞，是里面存了太久的沼气，被火一暖，拱了出来。有时放学回家，我坐在陌生的炕沿，想得最多的是小树的家……[1]

陌生、冰凉、塌陷的炕，意味着有机性的生活世界的解

---

[1] 双雪涛：《平原上的摩西》，见《平原上的摩西》，第37页。

体，在此前提下，小说中作为"平原"原型的炕与局促的床的对照不是空间性的，而是时间性的：李斐与庄树在有机社会环境中度过了共同的童年时代，她与孙天博则是从阶层分化的时刻开始一起走向成年，在前一个时代，拖拉机厂工人的女儿在哲学教授女儿的辅导下阅读《出埃及记》，自后一个时刻起，两个下岗工人的孩子一直身处逼仄的底层生活。从这个角度看，"平原"似乎就是分化区隔的语境中关于有机社会的怀旧意象。

然而，更为复杂的是，像有机社会的消逝一样，它的形成也是《平原上的摩西》叙述的一桩悬案，并且这桩更久远的旧案几乎从小说一开始就幽灵般地与"新时代的悬案"如影随行。小说以庄德增为第一位叙述者如是开篇："1995年，我的关系正式从市卷烟厂脱离，带着一个会计和一个销售员南下云南。"[1] 从1995年向前回溯，创业者的自述履历很快转向妻子的家世：傅东心的父亲是大学哲学教授，"文革"时身体被打残，三个子女"全都在工厂工作，没有一个继承家学，且都与工人阶级结合"[2]。这同时是新时代成功人士对自己从中分化出来的旧社群历史的旁白。但在傅东心的叙述中，旁述

---

[1] 双雪涛：《平原上的摩西》，见《平原上的摩西》，第1页。
[2] 同上。

历史的局外人成了历史罪案的参与者：一伙红卫兵在广场兵分两路，一路抄了傅东心的家，庄德增所在的另一路打死了他未来岳父的同事。1995年社区拆迁之际，傅东心向李守廉提起这桩旧案，在她的记忆中，他当年救了她父亲的命，李守廉却表示"不记得"这回事。在故事层面，李守廉的否认是对具体人物关系的回避或遗忘，而在对话性历史叙事的层面，"不记得"是一种阶级话语的失语，相对于以断片形式表达90年代经验，如何在工人立场上叙述曾以其为主体之名的有机社会的遗产和债务，是更加难解的悬疑。

作为工人的女儿和"平原"的回忆者，李斐没有直接提及她出生前的历史悬案，但在对自己童年经验的叙述中，却展现出与傅东心的旧案经验发生共鸣的对现实压抑的敏感。傅东心因为看到她喜欢"玩火"——对压抑的另类反抗而做了她的老师，"平原"图像中如星辰般抛在空中的三个"嘎拉哈"，正对应着她曾经抛向天空的烧成火球的火柴盒，以及她未竟的在艳粉街高粱地烧出一片圣诞树的愿望。作为愿景的"平原"的确来源于怀旧，但被缅怀的对象不是"呆坐"在炕上的过去的现状，而是在当时条件下进行有创造力的另类想象（另"抛"／"烧"出一片人生天地的想象）的空间。传统工人阶级有机社会的消逝瓦解了工人子弟畅想丰富的人生可能的现实条件，此时李斐像对"平原"一样念念不忘的是傅东心讲的最后一课——摩西的出埃及，一个从不可能中创造全新的可能性的故事，小说的两个主题意象由此相契。重新构想作为平等的人生想象基础的有机社会，是作为创造性主题的"平原上的摩西"的核心，而在前述由"新时代的悬案"与其旧案前史共同构成的悬疑叙事框架里，这一重构的前提是承担有机社会建构历史的全部遗产和债务，无论故事中的相关角色对此有无明晰意识，一旦年轻的"摩西"领受了重返应许之地——再造"平原"的使命，他／她便不可避免地肩起了历史的重负。

在上述意义上，《走出格勒》可以被看作《平原上的摩西》的主题意象的注解："我"不知道"列宁格勒"实际所指的城市，也不理解曼德尔施塔姆的同名诗歌的含义，但"我"在煤厂里发现和背负的尸体却具有这一名称所象征的历史的全部重量。在双雪涛的这类以旧工厂为悬案现场的小说里，进行第一人称叙述的主人公往往不经意间扮演了本雅明所说的"历史天使"的角色：面朝与"进步"相反的方向，用废墟和遗骸代替"一连串事件"来表征历史。[1] 和这些同龄主人公／

---

[1] 《历史哲学论纲》，见汉娜·阿伦特编《启迪：本雅明文选》，第 270 页。

叙述者相比，《平原上的摩西》中的李斐和庄树似乎不完全具备"历史天使"的特征，因为小说没有对凋敝厂区的直接描写，然而，也正是由于直观的工业废墟的缺席，作为老工业区历史再现方式的悬疑叙事，才更加卓著地显现为与废墟同构的寓言："寓言在思想领域里就如同物质领域里的废墟。"[1]

在当代文艺介入老工业区衰败史的最初时刻（以 1999 年王兵进入铁西区拍摄同名纪录片为标志），物质废墟的直接呈现便是从罹难者立场传达废墟化历史体验的寓言。[2] 但随着老工业区尤其是大型工业城市被整体纳入消费社会的空间生产，在新世纪的第一个十年结束后，间或浮现于光艳都市景观中的废墟表象，已被资本逻辑的霸权叙事重重编码。如《蹑蹑

---

[1] ［德］本雅明：《德国悲剧的起源》，陈永国译，文化艺术出版社，2001 年，第 146 页。

[2] 王兵的纪录片《铁西区》于 2003 年制作完成，刚问世便被评论者读解为寓言："寓言所指涉的细节和碎片是在有意建构的废墟中安顿下来的认识客体"，就以这种方式叙述现代性历史而言，《铁西区》正是以它巨大的废墟的意象，忠实地体现了本雅明意义上的寓言的存在"。（吕新雨：《〈铁西区〉与当代中国的新纪录运动》，《书城》2004 年第 4 期）值得注意的是，在世纪之交的语境中，与其说寓言来自纪录片有意建构的废墟意象，不如说世纪之交的铁西区本身就是寓言。除了直接呈现老工业区的物质废墟，纪录片为铁西区建构了孤岛化的废墟意象（由此遮蔽了传统社会主义历史中形成的工人阶级有机城市），而这正是它被后来的城市景观化改造所收编的逻辑前提。关于纪录片《铁西区》与老工业基地城市空间改造共享的区域景观化逻辑，参见拙著《历史·记忆·生产——东北老工业基地文化研究》，中国言实出版社，2016 年。

板》中废弃的旧工厂，表面上是因为怀旧而被保留下来的，实际上却掩藏着国企改革历史中的秘密，而既得利益者的临终解密则是意图再度掩埋遗骸的霸权的再符码化。物质废墟的表象因此不再是历史废墟的显影，而是对罹难者历史的屏蔽，只有通过悬置霸权符码的探寻和发现，真正的废墟体验才可能从废墟表象的屏蔽中释放出来。正是在这一语境中，悬疑叙事成了新锐的电影和文学作者书写老工业区的主要形式，作为悬案现场的旧工厂重新显出寓言的质感，但这种质感的来源已从直观的工业废墟置换为制造悬疑的经验和话语断片。

因此，《平原上的摩西》尽管没有直接写工厂，却使一座工业城市的乡愁空间——从广场到炕头——在非连续性的怀旧中成为一种普遍历史的寓言。小说的每一个主要人物都是抚今追昔的对话主体，几乎每一位对话者的回忆都存在不同意味的悬疑，其中最具元小说意味的是，李斐将自身记忆的建构自觉地称作"谜案"[1]，她在经历艳粉街罪案后，一边阅读《摩西五经》等书籍，一边写着关于《平原上的摩西》的主人公们的小说。老工业区悬疑叙事由此自我指涉为工人子弟

---

[1] 双雪涛：《平原上的摩西》，见《平原上的摩西》，第11页。

对失落的社群的象征化救赎——与废墟同构的寓言的辩证含义，同时也留下了更令人期待的悬念：作为对不同世代心怀应许之地的罹难者的承诺，一部 21 世纪的《出埃及记》是否可能？

第八章　再现世纪之交：反自动化书写
　　　　与一座小说城的崛起

　　2035 年，80 后东北作家群体将成为我国文学批评界的重要研究对象，相关学者教授层出不穷，成绩斐然。与此同时，沈阳被联合国教科文组织命名为文学之都，东北振兴，从文学开始。

　　2065 年，文学将进入智能定制模式，足不出户，即可下一单文学作品，以供阅读。可对语言、流派、字数、地域、姓名、故事模型等多种项目进行勾选和填写。宣传口号或为：××外卖，写啥都快。生命科学技术取得长足进步，博尔赫斯于同年复活，醒来的第一句话是：天堂不是图书馆的模样，地狱才是，感谢你们将我拯救出来。次月，他觉得仍处地狱，不曾脱离。

　　2095 年，文学的全部概念均被瓦解，已不存在，无人提起。只有一少部分人进行秘密结社，坚持从事写作这种古老活动，被视为正统社会的异端，生存空间极其狭隘。他们试图与写作机器对抗，但屡屡挫败。同年某地下室，东北作家群体遭逢博尔赫斯，并将其击倒在地。原因不明。[1]

2018 年，1986 年出生的班宇以"未来文学预言"的形式，亦庄亦谐地宣告了一个作家群体和一座小说城的崛起。是年 12 月，他一举登上《收获》文学排行榜短篇小说榜的榜首；同月，1987 年出生的郑执在被称为文学界"蒙面歌王"的"匿名作家计划"中荣膺首奖；而在此之前，1983 年出生的双雪涛已获得多个文学奖项，成名经年。三位来自沈阳的"80 后"作家接连凭借书写自己出生成长的城市的小说而引起广泛关注，根据班宇的预言式宣言，这似乎只是一个漫长崛起历程的起点——距离"击倒"博尔赫斯还相当遥远，但如果参照将"'80 后'东北作家群体"的主要代表当作"重要研究对象"的批评家的论述，"遭逢博尔赫斯""与写作机器对抗"的未来预言便立刻显影为反自动化书写的当代史。关注上述

---

[1] 班宇：《未来文学预言》，见张悦然主编《鲤·时间胶囊》，九州出版社，2018 年，第 7 页。

小说家的潜在可能性，需要以考察这一当代史为前提。

反自动化的"现实主义"

在探讨双雪涛的小说《平原上的摩西》的论文中，黄平使用了1981年孙绍振著名的朦胧诗评论的标题——"新的美学原则在崛起"，并将后者的论述——"他们和我们50年代的颂歌传统和60年代的战歌传统有所不同，不是直接去赞美生活，而是追求生活溶解在心灵中的秘密"——反其意而用之地重写，以此凸显"回到现实的生活之中"的"80后"东北作家的文学史意义："他们和我们80年代的先锋文学传统和90年代的纯文学传统有所不同，不是直接去赞美文学大师，而是表现生活带给心灵的震动。"[1]相似的立意出现在李陀细读班宇小说《逍遥游》的文章里，他更为直接和明确地用"复兴现实主义"来描述同一批作家对同一种传统的革新。[2]不

---

[1]　黄平:《"新的美学原则在崛起"——以双雪涛〈平原上的摩西〉为例》,《扬子江评论》2017年第3期。

[2]　李陀:《沉重的逍遥游——细读〈逍遥游〉中的"穷二代"形象并及复兴现实主义》,"保马"公众号2019年5月10日。

难发现，在当代文学批评的历史视野中，"东北作家群体遭逢博尔赫斯"意味着变革新时期形成的文学传统和美学原则的可能：如果说，博尔赫斯等现代主义或后现代主义大师曾启发了当代中国文学的先锋派，那么 30 多年后，"向大师致敬"的文本再生产游戏早已丧失其先锋性，自律的"纯文学"探索在对同一美学原则的重复中蜕变为自动化的写作程式。在20 世纪的纯文学理论思潮中，俄国形式主义——捷克布拉格学派从语言形式的角度（主题内容被视为作品"最大的语义单位"）将"文学性"界定为"反自动化"，按照穆卡洛夫斯基的说法，"人们总是把一篇诗作放到一种传统的背景上去认识，这传统就是自动化的准则"，文学性的构成在于自动化背景上的"突出"（foregrounding）。[1] 循此而论，即使以纯文学自身的尺度来衡量，30 多年来美学原则的陈陈相因，也已让当下中国的"纯文学"失去了文学质地。与此同时，不无吊诡的是，所谓"东北作家群体"恰恰由于为纯文学观念所排斥的"现实主义"而在新时期文学的背景上突出为前景。

　　班宇的"东北作家群体"命名，无疑会令人想起中国现

---

[1] ［捷克］穆卡洛夫斯基：《标准语言与诗的语言》，邓鹏译，见伍蠡甫、胡经之主编《西方文艺理论名著选编（下卷）》，北京大学出版社，1987 年，第418—422 页。

代文学史上的"东北作家群"——20世纪30年代的左翼现实主义流派，但与那群在进入关内文坛之前便已结成战友和同志关系的东北作家（萧军、萧红、舒群、罗烽、白朗等）不同，他和双雪涛、郑执并不分享明确的文学理念，而是彼此独立地从事创作，不约而同地建构小说中的沈阳，逼真的写实与飞腾的想象同样是这座小说城的建造手段。因此，批评家在"'80后'东北作家群体"中发现的现实主义倾向，并不来自传统的现实主义创作方法，而是来自卢卡契曾论述过的作家的经验、创作与特定历史条件的有机结合：他们都在成为作家之前亲身经历了具有根本意义的社会转变，都以亲历者的生活经验为基础叙述新旧两个时代的过渡。[1] 双雪涛、班宇和郑执共同书写了20世纪90年代至21世纪初的沈阳，这个世纪之交的时空体蕴含着双重的过渡，一方面是东北老工业基地从全国最典型的所谓"计划经济体制"转向"市场经济体制"的社会变革过程，一方面是作家自身作为原国营工厂工人子弟（"'80后'东北作家群体"的普遍出身）从童年走向成人的情感结构形成过程，前者如此深刻地影响了后者，

---

[1] ［匈牙利］卢卡契：《叙述与描写——为讨论自然主义和形式主义而作（1936年）》，见《卢卡契文学论文集（一）》，中国社会科学出版社，1980年，第46—47页。

　　　　　　　　　　同时代的北方

后者如此内在地回应着前者，以至于在这些小说家的小说里，微观叙事与宏观叙事已融为一体，日常生活即大历史：

> 她说，孙老师调查了你家的成分。我说：成分？她说：这是我听她和别的老师说的。我说：你怎么听见的？她说：你管不着，她说你家是工人阶级，扶不上墙。我说：什么叫扶不上墙。她说：我也不知道，你千万别和人说是我说的，把你语文作业交了吧。我说：操，老子从小翻墙就不要人扶，你跟孔老师说，我忘带了。[1]

　　这是双雪涛的小说《聋哑时代》中的校园生活场景，两个初中生谈论一位势利的老师，事实上也在谈论90年代阶层分化过程中形成的新的身份话语。小说叙述的对象是中学校园这样的微观生活空间，文本的肌理却是对体现宏大历史变迁的社会话语的戏仿，该戏仿显然并非后现代性的符号游戏，而是世纪之交的底层成长经验与日益"理固宜然"的主流社会逻辑的对话。在与自动化的社会逻辑的对话中凸显被遮蔽的生活经验，与在新时期文学传统的背景上突出新的美学原

---

[1]　双雪涛：《聋哑时代》，北京十月文艺出版社，2016年，第31—32页。

则，是同一种"现实主义"书写的不可分割的两个方面。

媒介环境反讽与底层经验表达

在双雪涛、班宇和郑执的沈阳叙事中，与主流社会逻辑对话的一个普遍的直观形式是，广播、电影、电视乃至手机、互联网等大众媒介纷纷"反转"为小说的"内容"。麦克卢汉在"媒介即讯息"的意义上指出，媒介演进历史中的新媒介与旧媒介的关系是形式与内容的关系，电视的内容是电影，正如电影的内容是小说，新的媒介形式作为"全新的环境"改变人的感知，并使旧媒介由习焉不察的环境转变为新奇的感知对象。[1]然而，"'80后'东北作家群体"的小说却显示了这种线性演进和单一媒介形式主导的"环境"的意识形态性：由于社会发展的不均衡性，同一时代存在不同媒介形式的环境中的主体，这些主体既非彼此隔绝，亦非简单的主从关系，而是在更为复杂的互动中生成对具体生活的感知，各种新旧媒介既是生成感知的不完全的环境，又是在特定的生成过程

---

[1] 〔加拿大〕马歇尔·麦克卢汉：《理解媒介：论人的延伸》，何道宽译，译林出版社，2011年，第11—30页。

中被重新感知的"内容"。在此前提下，超越单一媒介形式的媒介环境得以反讽再现，构成小说的反自动化书写。

　　班宇的《逍遥游》写底层女孩与朋友相约出游，其间频繁出现以手机进行联络的细节，但在结尾，女孩因故提前返家却未通知父亲，只能在家门外的寒夜中等待，支撑这一情节的可信性的是，小说一开头便写了父亲对习惯性地向他要手机号码的老同学的回应："我哪有手机啊……"[1]一个被屏蔽在"日常"信息和交流世界之外的老穷人由此渐次显影。与此相契合的场景是，父母离异的破碎家庭因为女儿的尿毒症而重聚，无话可说，"就一起坐着看电视，辽台节目，《新北方》，一演好几个小时，口号喊得挺大，致力民生，新闻力量"[2]。父亲手机的缺席与"总共就能收到三五个台"的电视的日常在场，共同作为反讽的媒介环境细节，展现一个底层家庭的生活。但班宇小说中的底层人物不仅是既定媒介条件的承受者，也是主动介入媒介环境的实践主体，《盘锦豹子》中，印刷厂工人孙旭庭先用易拉罐为女朋友家制造了电视天线，继而在厂里组装了时空混合性质（德国进口、内蒙古包头制

---

[1]　班宇：《逍遥游》，见《收获》文学杂志社编《2018年〈收获〉文学排行榜作品选·短篇小说卷》，长江文艺出版社，2019年，第1页。

[2]　同上书，第4页。

造、苏联款式）的印刷机，之后又为工厂拉来了印制盗版VCD 和 DVD 包装的项目，在此过程中，他历经人生起伏——从娶妻生子，分得公房，到左臂致残，先后失去妻子和工作。正是在底层主体对媒介环境的回应中，反自动化的媒介呈现成了底层生活经验的表达方式。在双雪涛的《聋哑时代》中，这种反自动化表现为流行媒介频繁更替的环境里质地坚韧的旧媒介的凸显，小说结尾，叙述者为"我"的父亲——一位下岗工人送葬，将他的骨灰盒放进柜子里，"匣子上的照片是我妈挑的，他这一生没有工夫照相，只好把他参加工作时的一寸照片洗出来，镶在里面"，与此同时，"我"把小时候他送"我"的电子表放了进去，"这只表不知不觉间跟了我十八年，换了无数的表带和电池，从来没有走错过一分一秒"[1]。对照"一切坚固的东西都烟消云散"的主流媒介环境，坚韧的旧媒介上的边缘逝者的时光，似乎永远都不会消逝。

更值得关注的是郑执的《生吞》，在这部长篇小说里，媒介环境的反讽从细节或情节层面扩展为整个小说叙事的对话性生成：

---

[1]　双雪涛：《聋哑时代》，第 242 页。

鬼楼，准确就指33号楼，本市尽人皆知。哪来的鬼，就是栋烂尾楼，荒了有十年了。不知道从哪年开始，被人在网上炒作成鬼楼，之后常有外地的小青年组团来探险，电视台的也有，都吃饱了撑的。[1]

小说叙事围绕2003年的"鬼楼"疑案展开，所谓"鬼楼"是沈阳真实存在的建筑，通过刑警队队长查案的视点，小说首先大致交代了它的实际地点——铁西区沈辽中路33号——及其被表述的媒介环境。"鬼楼"的命名和表述是世纪之交沈阳媒介文化的产物。辽宁人民广播电台90年代后期开始播出主持人张震夜间讲鬼故事的节目，迅速风靡，创造了中国大众文化中最有影响力的灵异话语品牌，以"张震讲故事"为中心表征，老工业基地沈阳一度成为鬼故事传播基地，"鬼楼"的传闻是其中的一部分。与形式上属于虚构文类的电台鬼故事不同，沈阳内外主流媒体对"鬼楼"的调查报道本来皆是力证"鬼楼无鬼"，但在总体文化氛围中，这些报道非但没有科学话语的效果，反倒使33号楼"鬼"名更盛，驱鬼的媒介成了城市鬼话的内在构成。

---

[1] 郑执：《生吞》，浙江文艺出版社，2017年，第17页。

《生吞》的悬疑叙事与世纪之交的沈城鬼话高度同构。底层少女黄姝陈尸"鬼楼"前的大坑，刑警队队长冯国金侦破凶案，在电视上被报道为刑侦经典，实际上却是扮演了和"鬼楼"探秘的媒体类似的角色，十年后，同样手法表象的案件又在同一地点幽灵般重现。相隔十年的"案发现场"表象是与黄姝关系密切的秦天、秦理兄弟先后制造的，凭借秦理利用低端互联网媒介获取的证据，两起案件的元凶——变态、涉黑、与腐败官僚勾结的私企老板殷鹏最终伏法，但他并非第一起命案中直接杀死女孩的凶手，拥有更先进技术手段的警方始终无法探明：究竟是谁结束了黄姝的生命？在她与秦理相处的生命最后时刻究竟发生了什么？相关生命经验唯一的直接传达是在黄姝死后，失聪失语的秦理用死者手机打电话给殷鹏及其帮凶，后者听到"传来一声吼，跟狼嚎似的"[1]。这种媒介反讽同时是转型期生命政治的讽喻：底层化的生命经验无法作为所谓"人"的感知而被感知。在90年代末至新世纪初的大众媒介中，反腐打黑题材的刑侦故事（新闻报道、电视剧和为拍电视剧而写的小说）是最流行的故事类型之一，市场化过程中的阶级分化、权力腐败、黑社会崛起等事实都

---

[1]　郑执：《生吞》，第233页。

在这类故事里获得了呈现，但相对于可见的暴力事实，承受这种暴力的底层生命经验却是不可见的，被媒介放逐的人间经验只能以幽灵的方式重返，因此，在世纪之交的老工业城市的文化氛围里，鬼故事成了刑侦故事的贴切配搭。《生吞》直接叙述了叙述者少年时代听电台鬼故事的经历，并戏仿关于张震的传闻，声称讲鬼故事的主持人最终被自己讲的故事吓死了。以特定媒介环境为"内容"，小说采取了双线交错叙事，一条线索是以冯国金为视点人物的刑侦疑案，另一条线索是叙述者"我"与同学好友秦理、黄姝及冯国金的女儿冯雪娇共同的成长故事，第一人称的成长故事是对第三人称的疑案的解码，解码过程中显示出了力图为幽灵代言、重新"把鬼变成人"的媒介实践主体——回忆往事的"我"现在南方媒体从事写作，而这也是郑执创作《生吞》时的身份。

悬疑罪案是当下市场和媒介环境中的东北青年文化生产者讲述自身成长经验的形式，从这个角度来说，双雪涛的短篇小说《北方化为乌有》和班宇的中篇小说《枪墓》可以被看作郑执的长篇小说《生吞》的元小说。《枪墓》同样采用了双线交错的叙事结构，但并不是让刑事案件和成长故事交融为完成形态的小说，而是让与罪案纠葛的底层人物成长经历以"故事大纲"的形式呈现，同时对故事作者——一个文创"北漂"的当下生活进行描绘，并使二者作为两种小说文体在同一篇小说里并置对照。这两种对照的文体即卢卡契论述意义上的"叙述与描写"："描写把一切摆在眼前。叙述的对象是往事。"[1]世纪之交的东北往事在"大纲"中凝练为人物命运的骨骼，充满历史感、经验的冲击力和引人入胜的悬念；被细致描写的文创"北漂"生活却琐屑、庸常、乏味，讲述并继续编织东北故事的大纲，充当着照亮这种暗淡生活的意义光源。叙述往事以照亮当下，同样展现在双雪涛的《北方化为乌有》中，并直接场景化为流散东北人的年夜守岁。这个短篇小说里，两位来自东北的青年"北漂"——男性小说家和混电影圈的女孩——分别在写一部长篇小说和一部中篇小说，都仅仅开了个头，却不约而同地写到了90年代市场化背景下发生在即将倒闭的故乡工厂里的一桩悬案。除夕之夜，两个素昧平生的作者聚在一起讨论小说的写法，不仅编织了复盘案情真相的故事大纲，而且使之成为当下流散者的起源叙事："工厂完了，不但是工人完了……最主要的是，北方没有了……北方瓦解了。"[2]

叙述"北方化为乌有"（东北老工业基地在世纪之交的

[1] 卢卡契：《叙述与描写》，见《卢卡契文学论文集（一）》，第59页。
[2] 双雪涛：《北方化为乌有》，见《飞行家》，第195页。

衰落及其传统社会关系的瓦解），是流散异乡——空间上的异地和时间上的另一个时代——的东北小说家重新体认社群身份的守岁方式。在"返回其自身时代的决定性起源"的意义上，他们创作了雷蒙德·威廉斯所说的作为"可知的社群"的小说，"何为可知，不只是客体的功能——关于什么在那里被知道，而且是主体的功能，观察者的功能——关于什么被欲求和什么需要被知道"[1]。作为社群身份的重建，书写世纪之交的东北经验，并非对过去的客体进行无中介的呈现，而是对彼时彼地的语境与书写者（观察—欲求的主体）的当下语境进行特定的接合，在主体反思中生成对历史和生活的新感知。在《北方化为乌有》和《枪墓》中，草创的大纲、有待完成的小说以及叙述与描写的对照，既体现着主体反思的自觉，又是对语境接合和感知生成的问题化。而《生吞》则可看作相关问题的具体例证，在戏仿由刑侦剧和电台鬼故事表征的媒介环境的同时，小说自动化了自身所从属的媒介话语生产，这部由韩寒主持的"ONE·一个"App 出品的作品中，充满了中产阶级趣味的青春文学的人生感悟和喟叹，"浓得化不开"的主流感喟再度淹没了幽灵化的底层生命经验。

---

[1] Raymond Williams, *The English Novel from Dickens to Lawrence*, London: The Hogarth Press, 1984, pp.14-17.

自反的"东北性"与作为文学语言的"东北话"

就表达的节制和话语的自反而言,《生吞》之后的《仙症》,是郑执小说创作成熟的标志,也意味着他作为东北文化生产者更进一步的媒介自觉。《仙症》讲的是两位沈阳病人的故事:1947 年出生的"我"大姑父王战团,因为 1967 年的暴力和悲剧而得了精神病,1987 年出生的"我"以成长中的孩子的视角讲述他的病史,同时也在讲自己成人过程中难以治愈的口吃。小说的年代层次组织为一种世纪之交的成长经验赋予了更具纵深感的历史背景,王战团的精神病是一种历史症候,"我"的口吃则是表述这种历史症候的症候,将二者更为密切地连接在一起的,是一位症候诊疗者的形象——从铁岭来的赵老师:

> 赵老师一走进屋,一句招呼都没打,直奔王战团跟前,自己拉了把凳子脸贴脸地坐下,盯着他看了半天,还是不说话。三姑在背后对大姑悄声说,神不,不用问就知道看谁的。那边王战团也不惊慌,脸又贴近一步,反而先开口说,你两只眼睛不一般大。赵老师说,没病。大姑说,太好了。赵老师又说,但有东西。我奶问,谁

有东西？赵老师说，他身上跟着东西。三姑问，啥东西？赵老师说，冤亲债主。二姑问，谁啊？赵老师不再答了，继续盯着王战团，你杀过人吧？我爸坐不住了，扯啥犊子呢，我大姐夫当兵的，又不是土匪。赵老师说，别人闭嘴，我问他呢，杀没杀过人？王战团说，杀过猪，鸡也杀过，出海时候天天杀鱼。赵老师说，老实点儿。王战团说，你左眼比右眼大。赵老师，你别说了，让你身上那个出来说。王战团突然不说话了，一个字再没有。我爸不耐烦了，到底有病没病？赵老师突然收紧双拳，指骨节顶住太阳穴紧揉，不对，磁场不对，脑瓜子疼。三姑说，影响赵老师发挥了。大姑问，那咋整？赵老师说，那东西今天没跟来，在你家呢。大姑说，那去我家啊？赵老师忍痛点头，又指着我爸说，男的不能在，你别跟着。王战团这时突然又开口了，说，海洋在家呢，也是男的。赵老师起身，说，小孩儿不算。[1]

小说中赵老师初诊王战团的情景显然戏仿了当今中国家喻户晓的"铁岭赵老师"——赵本山的作品，后者凭借二人转

---

[1] 郑执：《仙症》，见张悦然主编《鲤·时间胶囊》，第115页。

拉场戏中的算命先生（《摔三弦》）和出马仙（《驱邪》）在80年代蜚声东北，并在其春晚小品的巅峰期使世俗版的出马仙（《卖车》《卖拐》《功夫》中的大忽悠、《心病》中的"大明白"心理诊所医生）成为21世纪初中国大众文化中最深入人心的东北人形象，同时反向构造了东北人自身理解现实人生的"民间"符号秩序。作为东北地方性的建构者，赵本山早期的人物形象塑造具有某种显著的女性化身份表象（如90年代前期作品《小草》中的老太太、《老蔫完婚》中易装的徐老蔫、《我想有个家》中自称"男人的一半是女人"的木匠、《老拜年》中叫"老香水"的地方戏艺人等），但这并未影响东北男性观众对他的文化认同，一方面，赵本山的小品悄然改写了东北"纯爷们"的含义，另一方面，当他真正确立了地方性主体再生产中的师/父位置，其形象的去女性化过程也随之完成。与此互文，《仙症》中，赵老师是一位因父之名（"龙首山二柳洞白家三爷"）的女出马仙，既诊疗历史症候，又规训症候叙述者——治"我"的口吃，对叙述者"我"而言，规训权力没有性别特征，只有结构主义精神分析意义上的父亲功能。《仙症》结尾，紧接着施虐—受虐式的口吃治疗场景，小说叙事回到了被治愈的叙述者的当下时空："许多年后，当我站在凡尔赛皇宫里，和斯里兰卡的一片无名海滩上，两阵相似的风吹过，我清楚，从此我再不会被万物卡住。"[1]《仙症》中的病史是"我"向和"我"同样生于沈阳的法籍华人妻子讲的家乡故事，"我们"最初通过用"家乡口音的中文"攀谈而结识并互认为老乡，小说由此自反性地展现为流散异乡乃至海外的东北人的身份认同建构，无论身处何方，只有按照"铁岭赵老师"的方式被符号化，与东北人身份相关的生命及历史经验才能被流畅地表述，才能在国族共同体（中国以至海外华人世界）的文化空间中成为可读解的信息。

在具有媒介自觉的"80后"东北作家的小说里，符号化"东北性"的自反直接表现为"东北话"的自反，如前述《仙症》中戏仿赵本山喜剧小品的情景描写，同时是对喜剧小品化的东北话的戏仿。穆卡洛夫斯基指出，文学文本从中突出的自动化背景"具有两重性"，即"标准语言的规范和传统美学原则"[2]。从作为文学语言的"东北话"的角度来看，80后东北作家的小说异军突起同样具有这两方面的背景。

在以班宇为例讨论"现实主义的复兴"和新时期文学传统的变革时，李陀认为他的小说首先属于东北作家改造当前

---

[1]　郑执：《仙症》，见张悦然主编《鲤·时间胶囊》，第 129 页。

[2]　穆卡洛夫斯基：《标准语言与诗的语言》，见伍蠡甫、胡经之主编《西方文艺理论名著选编（下卷）》，第 421 页。

文学语言的工程，即拒绝"翻译腔"的书面语言，"把大量的东北日常口语、俚语、谚语、土话，还有方言特有的修辞方式和修辞习惯，都融入了叙事和对话，形成一种既带有浓厚的东北风味，又充满着改革时代特有气息的叙述语言"[1]。然而，在李陀对班宇《逍遥游》的具体阅读中，最令他感动的小说结尾段落的文字恰恰没有任何所谓"东北风味"，相反却是更接近经典文学翻译风格的书面语文体：

> 我没有进屋，还有一点时间，是要还给许福明的。我绕到窗户后面，看见倒骑驴锁在栏杆上，我将东西放上去，一路拎在手里，愈发沉重，勒得生疼，然后也搭边坐在车上，背后楼群的灯火逐一亮起，有风经过，还是冷，延绵不断的冬季，似乎仍未结束。我缩成一团，不断地向后移，靠在车的最里面，用破旧的棉被将自己盖住，望向对面的铁道，很期待能有一辆火车轰隆隆地驶过，但等了很久，却一直也没有，只有无尽的风声，像是谁在叹息。光隐没在轨道里，四周安静，夜海正慢

---

[1] 李陀：《沉重的逍遥游——细读〈逍遥游〉中的"穷二代"形象并及复兴现实主义》，"保马"公众号 2019 年 5 月 10 日。

慢向我走来。[1]

　　患尿毒症的沈阳女孩许玲玲在两位朋友陪同下去秦皇岛游玩，由于身体不适提前返回，到家时发现父亲——倒骑驴拉脚为生的许福明尚未结束与情人的幽会，便独自在室外的寒夜中等待。与这个表现主人公在亲人灯火外等待的段落形成对照，小说在表现许玲玲对同一种人物关系的嘲讽态度时使用了截然不同的文体，即一般印象中的"东北日常口语"体：

　　　　我是上个礼拜发现的，他又处上一个，我家以前房子附近饭店的服务员，瞅着比他岁数都大，一脸褶子，尖嘴猴腮，长相特寒。我也真是服了，许福明到底有啥魅力，一没劳保，二没长相，赚得也少，咋还有人往上贴呢。[2]

　　上引两段文字的文体对照显现出《逍遥游》叙事的复

[1]　班宇：《逍遥游》，见《2018年〈收获〉文学排行榜作品选·短篇小说卷》，第33页。

[2]　同上书，第9页。

调性，小说为叙述底层经验进行的语言形式革新，与其说是用"东北风味"的口语取代"翻译腔"的书面语，不如说是借重差异化的腔调和风格，建构能够同时表达隔膜与体谅、疏离与共情、冷与热、暗与光等复杂体验的充满张力的多声部。这种多声部的建构以东北话在特定历史语境中的美学功能及其与民族国家标准语（普通话）的关系为前提。20世纪五六十年代，中国观众欣赏的外国电影译制片主要由长春电影制片厂译制配音，而今听来，这些电影的配音带有明显的东北腔，但对于当时的观众，这种腔调并未被识别为方言因素，而是被感知为一种文艺翻译风格的普通话的内在构成。东北话（从语音到词汇、句式）成为清晰可辨的方言，是在90年代以来的大众文化"东北风"的背景下发生的，以赵本山等人影响深远的定型化表述为参照，"东北风味"被指认为与外国文艺翻译不和谐的地方或乡土风格，最著名的例子是王小波在《我的师承》中对与查良铮的经典俄国文学翻译"高下立判"的另一位译者的译作的重读："现在我明白，后一位先生准是东北人，他的译诗带有二人转的调子……"[1]李陀对当下东北作家的语言和文体的赞赏颠倒了王小波的价值

---

[1] 王小波：《我的师承》，见《我的精神家园》，中国人民大学出版社，2010年，第6—7页。

判断，却延续着外国文学翻译体与东北方言体的二元对立，将后者看作呈现"原生态"生活的现实主义叙述形式，而未曾意识到似乎真切可感的"东北风味"其实是一种景观社会建构："可感世界被一套形象替代，这套形象凌驾于可感世界，同时自封为极其可感。"[1] 作为景观语言的所谓"东北话"每每使听众或读者自动产生观赏乡土喜剧的快感，自动以喜剧化的东北人形象遮蔽活生生的主体及其真实丰富的生命经验。《逍遥游》的复调文体的意义正在于打断这种景观生产机制，进行第一人称叙述的沈阳底层女孩许玲玲在不同的语言风格间自如转换，以迥异于主流想象的"东北人的话语"，传达主体在日常生活的不同情境中的特定体验，由此展现出俄国形式主义者什克洛夫斯基称之为"陌生化"的反自动化艺术特质："正是为了恢复对生活的体验，感觉到事物的存在，为了使石头成其为石头，才存在所谓的艺术。"[2]

但班宇小说的"陌生化"实践与俄国形式主义的理论预设并不完全相同，前者是对具体人际关系和交往情境中的生活体验的凸显，而在后者那里，自动化和反自动化分别是交

---

[1]　Guy Debord, *The Society of the Spectacle*, New York: Zone Books, 1995, p.26.

[2]　[苏] 维·什克洛夫斯基:《散文理论》，刘宗次译，百花洲文艺出版社，2010 年，第 11 页。

际语言和文学语言的特征，自动程序式的生活交际淹没了对语言和生活本身的感受。如巴赫金所批评的，俄国形式主义没有意识到，社会生活中的交往"是语言本身的一种结构因素"，包括文学语言在内，"任何语言、任何表述都是用来交际的"，"言语手段的自动化"特征只是部分符合特定类型的交际，"然而这已不是本义上的生活实用交际了"，生活交际（包括说话者间的相互关系、言说的内容以及与交际相关的事件）是不断形成和变化的过程，在此过程中，以语境为参照的"言语的分寸"持续"构成生活中的话语，确定说话的风格和体裁"。[1]具体到沈阳及东北社会生活中的话语交往，一方面，由于世纪之交以来形成的景观社会逻辑，乡土喜剧风格的所谓"东北话"不仅长期流行于大众媒介，而且越来越成为东北人自我表述的习惯性手段；另一方面，生活交际本身的丰富性又使景观语言不可能真正覆盖具体语境中的东北经验表达，这些经验表达创造着不同风格的话语，并将"东北话"陌生化，使之成为新的意义生产的一部分：

　　　　我说，家里出事了，我爸病了，可能是血栓，挺重

---

[1]　〔苏〕巴赫金：《文艺学中的形式方法》，李辉凡、张捷译，见《巴赫金全集》第二卷，河北教育出版社，2009年，第227—229页。

的，正往医院去呢。大头说，谁啊，你爸不早就没了吗？我说，不是亲爸，张婷婷他爸。大头说，你有病啊，你不离婚了么，还啥事都管呢。我说，买卖不成仁义在。大头说，鸡毛仁义。我说，总有亲情在啊。大头说，鸡毛亲情。我说，你接着出车啊吧，今天不聚了。大头说，出鸡毛车，赶紧的，送完医院过来唱歌，就愿意听你唱的刀郎，贼鸡巴荒凉。[1]

在班宇的小说《工人村》里，工人村的女婿"我"离婚后一如既往地照顾岳父岳母，关系比他们的女儿还要亲近，直到前妻带来她的大款男友，"我"瞬间成了这个"温馨"的家庭的外人。前妻男友出现的情节发生在上面的对话之后，却是其语境信息的索引，这段对话包含双重的交际，一是"我"作为小说人物与朋友大头交谈，一是"我"作为叙述者对读者说话，二者参照着同一个语境，即"我们"共同经历的历史过程——瓦解了"工人村"代表的工人社群的市场化过程。小说以糅合普遍性伦理词汇与"东北话"脏话的对话来表述该历史过程：曾内在于工人社群的"亲情""仁义"如

---

[1] 班宇:《工人村》，见《冬泳》，第 211 页。

今附丽于金钱，抽象的伦理话语只是遮蔽社群废墟的抚慰性幻象，反讽幻象以表达废墟体验，最粗鄙的方言字眼儿由此生成最苍凉的诗意。正是这种社会—历史诗学意义上的陌生化，使"东北话"从乡土喜剧的景观语言转换为凸显具体生活体验的文学语言。

传统工人阶级有机城市的文学纪念碑

乡土喜剧风格的"东北话"是 20 世纪 90 年代以来在消费主义语境中重新界定"中国城市"的他者景观建构的一部分，尽管世纪之交的东北仍是全国城市化率最高的地区，但全国观众最熟悉的东北人形象却是由东北喜剧明星们塑造的"都市外乡人"形象。与此同时，一批颇受"文艺片"观众瞩目的东北工人题材电影，以孤立封闭的工业生产及其简单再生产的空间塑造了"老工业区"景观，如在王兵的纪录片《铁西区》三部曲中，铁西区工人仿佛生活在一个由"工厂"、"艳粉街"（棚户区）和"铁路"组成的孤岛里，而不是在一座城市不可分割的主城区里。"老工业区"由此与"都市外乡人"悖谬性地彼此意指，自动遮蔽了传统社会主义历史中形成的工人阶级的有机城市。[1]这种遮蔽是"80后"东北作家崛起的另一种背景，通过双雪涛、班宇和郑执的沈阳叙事，东北/传统工人阶级的有机城市像一块遗失的纪念碑，赫然浮现于当代中国文化的地表，它是一种历史经验的文学呈现，也镌刻着关于文学自身的铭文。

就传统工人阶级有机城市的空间和历史的浑然呈现而言，班宇的小说《空中道路》是首先值得关注的作品。小说采用了多时空交错叙事，其中与标题直接相关的故事，发生在传统社会主义福利时代的末期，铁西区某工厂组织工人到外地景区疗养，工人班立新和李承杰乘坐缆车上山，遭遇故障，被困空中，平时开吊车的李承杰因势赋形，向同伴描绘了自己对未来城市规划的构想，即利用空中公共汽车改进交通和城市生活体验：

> 比方说，我会开吊车，那么我可以作为一个中转站的司机，你要去太原街，好，上车吧，给你吊起来，半空划个弧形，相当平稳，先抢到铁西广场，然后我接过来，抓起来这一车的人，打个圈，抢到太原街，十分钟，

---

[1] 参见拙著《历史·记忆·生产——东北老工业基地文化研究》。

空中道路……车上的人在空中滑行，半个城市尽收眼底，比方说你从重工街出发，摇几下杆把，你就开始横着滑行，一路上能经过红光电影院、劳动公园、露天游泳池，能看见挂着的广告牌，上面画着巩俐，《古今大战秦俑情》，还能路过公园的假山，看猴子和鳄鱼，最后是游泳池里墨绿色的池水，人们在里面打着水浪，晚上还亮着五彩的灯，一起一落，全是风景。[1]

从《古今大战秦俑情》的电影海报可以看出，这是 1990 年的城市空间，城市空间的长镜头呈现又展现着历史的纵深：1953 年建的红光电影院、1958 年建的劳动公园、1966 年在沈阳市工人文化宫（建于 1957 年）建的露天游泳池，先后成为传统社会主义时代铁西区的地标性公共设施。小说对这些地标的叙述并未严格按照实际的物理空间方位，而是以时间为经纬，凝缩复原了铁西区作为传统社会主义城市空间的建设史。从空中公共汽车俯瞰铁西区，无疑是虚拟的视点，但磅礴飞升的想象力却同时讲述着自己的经验根基，由吊车司机设计和驱动的主观长镜头是工人阶级主体性的真实具体的再

---

[1] 班宇：《空中道路》，见《冬泳》，第 128—129 页。

现：工人阶级是生产和技术的主体，以此为基础，又是共享各类公共设施的城市空间的主体。这种城市空间并不局限于铁西区，李承杰在"空中道路"想到的第一个地点是位于和平区的太原街。太原街原名"春日町"，是最初由日本殖民者规划的商业和文化街区，在日军占领时期的城市规划中，工人阶级所在的铁西区基本上只有"北厂南宅"，除东南一隅邻近"满铁"附属地的日本人居住区外，与"春日町"所属的都会空间判然有别。1949年之后，作为新中国城市的范例，沈阳进行社会主义城市空间改造，一方面在铁西区等工业区大规模兴建各类公共设施，另一方面则将整个城市重塑为以工人阶级为主体的有机性的空间体系，"去太原街"由此成为沈阳工人生活的一部分。

在世纪之交以来的东北表述中，"老工业区"与"都市外乡人"的悖谬互文无疑是以遗忘上述浑然一体的空间／历史为前提的，而在这遗忘背景上崛起的"80后"东北作家，也并不都能像班宇一样直接以传统工人阶级的视野再现有机性的城市主体经验，很多时候，关于有机城市的记忆是以更曲折的方式被钩沉起来的。

在郑执的《生吞》中，这种钩沉表征为人物的足迹或道路。小说中表面的案发地是铁西区的"鬼楼"，但随着对当事主体情感经验的探寻，一条铁西区之外的路线逐渐展现出来：从沈河区的十三纬路老四季抻面馆、大西菜行，到和平区的和平一小、育英中学（原型为郑执母校东北育才学校）和医科大学。这是秦理离家上学的路线，也是他与黄姝共同成为幽灵或失踪者的路线，小说结尾，刑警队队长冯国金循着这条道路想象着案情的真相，而叙述者"我"则和冯雪娇等当年的同学在同一条道路的终点发现了消失的朋友的遗迹。这条道路同样是作者郑执本人学生时代从家到学校的路线，根据其自述，由于母亲从沈阳第一阀门厂调入中国医科大学附属医院，这个"大西菜行"片区的孩子得以进入医大附近的和平一小读书，从此每天往返于"底层"生活区和"文明人的和平区"。[1]《生吞》中，"我"是下岗工人的儿子，秦理走着和作者相同的上学路线，这显然是郑执的"底层"认同的投射，但"我"、秦理、黄姝与冯雪娇等不同阶层的孩子在世纪之交的和平一小成为最亲密的朋友，又表明那是一个分化剧烈却尚未真正形成区隔的"过渡"时代，十多年后发现消失的朋友的遗迹，正是确认一座曾经的有机城市的历史印痕。

---

[1] 郑执、驳静：《我们的"穷鬼乐园"》，《三联生活周刊》2019 年第 14 期。

《生吞》中钩沉有机城市的道路终点，在双雪涛的《平原上的摩西》里是故事的起点。《平原上的摩西》写的是红旗广场（紧邻中国医科大学）附近的工人社区里的两家人的聚散，大学哲学教授的女儿傅东心嫁给了自己在卷烟厂的同事庄德增，并在婚后成为邻居拖拉机厂工人李守廉的女儿李斐的文学启蒙老师。这种人物关系设置仍然体现着郑执所说的"文明人的和平区"的特点，但这里的"文明"并不外在于所谓"底层"，而是传统工人阶级的有机社会的内在构成。根据双雪涛在一次对谈中的说法，傅东心的身上有作者的父亲——一位酷爱读书的工人——的"影子"[1]，这个"影子"在后来创作的《飞行家》中变得更为明晰，在这篇同样叙述红旗广场工人社区的小说里，双雪涛直接以自己的父亲为原型塑造了叙述者"我"的父亲——在房顶读书的工人高旭光。

而班宇的《空中道路》则在更高处展现了工人与"书"的关系：铁西区工人李承杰不仅在吊车上读书，还在悬停的缆车上与工友聊书，聊的是小说《日瓦戈医生》。当他描绘完"空中道路"的蓝图后，工友班立新立刻想到，如果当年苏联有这种发明，那位坐公交车发病猝死的大夫可能被及时送医

---

[1] 张悦然、双雪涛:《时间走廊里的鞋子》，https://book.douban.com/review/80 17907。

院抢救。这个幽默的对谈建立了一种隐喻性的关联：如果说《日瓦戈医生》是书写具体历史中的人的生活的小说，那么"空中道路"既可以创造生活和历史，也可以创造新的故事，新的"书"。在《空中道路》的开头，读书与回忆并置的视角更加强化了这种隐喻关系，小说开始于叙述者"我"对雨果《九三年》的阅读：

> 那是一七九三年的法国，革命涌动的时代，到处是枪声、火焰与阴谋，里面说，这些悲剧由巨人开始，而被侏儒结束的。我合上书，透过窗纱，抬眼望去一九九八年的铁西区……[1]

1998年，读《九三年》的那个夏天的一个深夜，"我"的父亲——伤残工人班立新（在改制的工厂里因事故受伤）向儿子追忆工友李承杰设计的"空中道路"，后者在几年前下岗，不久去世。对照《九三年》，以20世纪90年代末的视点描绘90年代初俯瞰城市的传统工人阶级视野，呈现出一种猝然而至的结束：想象和创造历史的主体潜能未及开掘便已湮

---

[1] 班宇：《空中道路》，见《冬泳》，第111页。

灭。这种主体幻灭既是小说叙事的对象，也症候性地构造了叙事本身的断裂。小说在结尾陡然回到了班立新进厂当工人的前夜，半夜聚饮时朋友与邻桌发生群殴，他正要提刀参战，忽然想起刚满半岁的儿子……同一个夜晚，李承杰正在产房外等待妻子的分娩。这时，"空中道路"再度出现，但不再是传统工人阶级想象和创造城市生活的直观形象，而是抽象化为两个男人远离沉重生活的"梦境"：

> 那时，他们都还没有意识到，这是多么悠长的一个夜晚，他们两手空空，陡然轻松，走在梦境里，走在天上，甚至无需背负影子的重量。[1]

90年代的历史变迁由此被重写为个体生命的不同人生阶段的变化。讲述历史与讲述人生或许本可以并行不悖，但小说更为关键的断裂在于，与"空中道路"的两次呈现相呼应，雨果的《九三年》也被读了两次，第一次作为对历史的沉思来读，第二次作为无目标的幻想来读，超然物外的泰尔马克被当作读解的中心："他不仅对一切大事不关心，对任何细小

---

[1] 班宇：《空中道路》，见《冬泳》，第135页。

的事也不关心。"[1] 由于前述"空中道路"与叙事的隐喻关系，《空中道路》的内在断裂并不只是关于小说主题的，而且隐约呈现出两种矛盾的关于文学或"书"的想象：它究竟是对自己叙述的生活和历史的介入，还是一种超然逃离的技术？具体到"80后"东北作家来说，那生长于斯的传统工人阶级城市究竟是想象和创作的根基，还仅仅是偶然、临时和可替换的故事素材？

班宇《空中道路》中隐现的两种矛盾的想象，在双雪涛的东北工人城市叙述中分解为两个阶段的文本。在发表于2015年的《平原上的摩西》和2017年的《飞行家》中，沈阳的红旗广场都是主要被讲述的空间，但不同的是，在前一篇小说里，红旗广场是下岗工人李守廉不断重返的空间，他始终念念不忘广场上毛主席塑像底座的那些"战士"的命运；而在后一篇小说里，同一个广场是工人出身的李明奇力图逃离的空间，小说结尾，怀抱到另一个空间开始全新人生的梦想，他乘着自己发明的气球，在充满历史感的广场起飞。与此密切相关的是"书"的意义。《飞行家》中，酷爱读书的高旭光在临终之际表达了对李明奇的深切理解，但更感慨于

---

[1]　班宇：《空中道路》，见《冬泳》，第131页。

"度过一生并非漫步穿过田野"，因而"想念躺在房檐上看书的时候"[1]，并将此作为最后的遗言留给叙述者"我"。相比于李明奇乘气球飞行，高旭光的"躺在房檐上看书"显然是一种更超然的逃离，不是幻想去一个非历史的空间中改换新的人生，而是在幻想中摆脱沉重的生活和历史。在《平原上的摩西》里，小说标题本身就是关于"书"与生活及历史的浑然一体的意象。"平原"是傅东心在炕上——住平房的东北孩子读书和生活的空间——为李斐画的像，也是小说中未来生活道路的愿景，"摩西"则是她在同一个空间教这个女孩读的书：《旧约·出埃及记》中，摩西把红海变成了以色列人的通衢。傅东心是在 1995 年社区瓦解之际给李斐讲《出埃及记》的，目的是让后者知道："只要你心里的念是真的，只要你心里的念是诚的，高山大海都会给你让路，那些驱赶你的人，那些容不下你的人，都会受到惩罚。"[2]换言之，她讲的是特定历史情境中被边缘化的弱者的启示之书，这恰好契合双雪涛曾经阐述的《平原上的摩西》的创作初衷："为那些被侮辱被损害的我的故乡人留一点虚构的记录"[3]。随着截然对立于

---

[1] 双雪涛：《飞行家》，见《飞行家》，第 152 页。

[2] 双雪涛：《平原上的摩西》，见《平原上的摩西》，第 18 页。

[3] 双雪涛、三色堇：《写小说是为了证明自己不庸俗》，《北京青年报》2016
    年 09 月 22 日。

历史（"记录"）的"虚构"想象的建立，作者开始重新表述自己的创作经验，尽管仍然承认昔日的初衷，却否认它的文学意义，转而强调，作为故乡的东北只是追求"虚构的愉悦"的小说家在起步阶段不得不借助的"熟悉的材料"，"但越往后写越会尝试新的方法"[1]。

值得注意的是，尽管在《平原上的摩西》与《飞行家》的对比中，可以看到关于文学（"书"）的想象的变化，但在将一座东北工人城市作为所谓"熟悉的材料"的意义上，这两篇小说又是同一"方法"的作品，渴望超离的"飞行"其实是那座城市所承载的历史的最沉重的修辞。就真正超离沉重的历史经验而言，双雪涛最接近成功的沈阳叙事作品是2018 年发表的《武术家》。小说故事开始的背景是1932 年的奉天，主人公窦斗15 岁时，武术家兼地下党员的父亲被日本人杀死，奉天少年就此移居北平，在北大中文系读书、教书近40 年，直至1970 年，用一句诗意盎然的咒语，让杀父仇人生成的幻影烟消云散。在小说充满"虚构的愉悦"的叙事中，沈阳、东北乃至20 世纪中国的历史都被化作一场语词魔术。作者在变这场魔术时大胆使用了自露马脚的道具，小

---

[1] 双雪涛等：《纪实与虚构：文学中的"东北"》，《文艺理论与批评》2019 年第 2 期。

说这样叙述奉天少年初至北大时的生活：感觉像是来到一个"大公园"，"每天早起去未名湖畔站桩"，旁听课程期间换过一次旅馆，"从北大的西门附近搬到了东门附近"。[1] 这显然是把当代北大访客的掠影直接贴到了 20 世纪 30 年代，而历史上的老北大则顷刻在纸上化为乌有。作者仿佛在宣示，在纯粹的虚构快感的营造中，浮光掠影的访客经验与深切的历史经验具有同等的材料价值。就个人写作"方法"而言，《武术家》或许可以被看作双雪涛最激进的一次突破，但如果参照班宇"击倒博尔赫斯"的预言，最激进的突破又是最保守的回归——回到大师的名字代表的传统美学原则，第一位在对纯文学传统的反自动化书写中浮出历史地表的"80 后"东北作家，似乎急切地要率先回到他从中突出的背景里去。

然而，突破和回归又都是犹疑的。在《武术家》里，许多年后，窦斗最终实现了复仇，在复仇——展现最神奇的语词魔术之前，奉天武术家之子突然想起了故乡：

这天早晨，窦斗在未名湖畔站桩，站到中午，他睁开眼睛看了看远处，奉天已叫沈阳，怎么眺望也看不见

---

[1] 双雪涛：《武术家》，见张悦然主编《鲤·时间胶囊》，第 261—263 页。

了。他想起小时候父亲教过他一套简单的八卦掌六十四手，没有复杂变化的那一种，只有六十四个姿势。他以为他早忘了，可是一练起来，发现记得大半，他就打了下来，中间忘记的就跳过。距离上次打这套掌已经过去四十年，打完之后，他出了一身的汗，庄子所言的无我已经不可能了，他确凿地感觉到自己的身体，像温泉一样冒着热气。[1]

如果说，中文系的文学世界一度让窦斗超然遗忘奉天往事，那么，当他要用文学语言施展魔术的时候，却不由自主地调动起故乡铭写在他身体上的经验与记忆，而终于施展的魔术不仅是他为父报仇的方式，也让他介入了他一直逃避的历史。从这个角度来看，《武术家》更像是双雪涛参照《旧约·约拿书》书写的"80后"东北文学寓言：如同遁入中文系的奉天武术家之子，逃向"纯虚构"的沈阳工人之子不但无法摆脱因父亲和故乡而身负的使命，而且将以最虚幻的形式承担最真实的历史责任。

---

[1] 双雪涛：《武术家》，见张悦然主编《鲤·时间胶囊》，第 265 页。《武术家》在收入双雪涛的小说集《猎人》（北京日报出版社，2019 年）时，小说中的"未名湖畔"被统一修改为"湖畔"。

《武术家》文本内部的张力表征着双雪涛创作的复杂性，也在某种程度上预示着"'80后'东北作家群体"前景的不确定性。唯一可以确定的是，无论"摩西"在变成"约拿"之后又将走向何方，以《平原上的摩西》作为坚实的奠基，一座已经崛起的小说城将注定不会再沉没，继续建设，它将是活的纪念碑；建设者们彻底转场，它将作为未竟之城召唤和守候未来小说家的成长。

第九章 《张医生与王医生》与跨场域的"东北文艺复兴"话语

　　21 世纪一二十年代之交是当代中国"东北"叙事的内爆时刻，围绕着一个地域符号，此前看起来畛域分明的文化生产——流行文化、新闻报道、文学创作和学术研究仿佛突然消弭了界限，混成难解难分的复合体，彼此契合通感，声息相应。2019 年，"东北文艺复兴"的说法首先由流行歌手提出 [1]，迅速成为跨越各种场域的主流话语，被不同身份的文化生产者持续再生产。2021 年出版的《张医生与王医生》使这种跨场域的话语再生产凝聚于单一文本，不仅该文本本身具有显著的文类杂糅特征——杂糅了非虚构文学写作和社科学

---

[1] "东北文艺复兴"的提出者是说唱歌手董宝石，他创作（词曲）和演唱的《野狼 disco》在 2019 年风靡全国，是直接体现"东北文艺复兴"话语特征的文本，详见下文。

术写作——而且作品刚一问世，就获得了知名社科学者、小说家和媒体人的联袂推荐，集中展现着关于"东北"的大众流行话语在知识界的广泛播撒。另一方面，文本生产与流行话语的关系也是《张医生与王医生》叙述的对象："在写的过程当中，发现了'东北文艺复兴'。……它对我们当然是一种启发。"[1]《张医生与王医生》并非起源于"东北文艺复兴"话语，而是在自身的生产中与之不期而遇，参照和对话成了生产条件。因此，分析《张医生与王医生》的文本生产，既是对"东北文艺复兴"话语的擘肌分理，也是探究被这一主流话语所屏蔽的叙事脉络和相关历史经验。

文本生产与空间生产

《张医生与王医生》的叙事主线是两位工人阶级家庭出身的医生的成长经历，主人公张晓刚和王平是第一作者伊险峰的中学同学，20世纪80年代他们共同就读于沈阳市第五中学，

---

[1] 伊险峰、杨樱:《张医生与王医生》，文汇出版社，2021年，第22页。像大多数关于"东北文艺复兴"的表述一样，《张医生与王医生》用这个概念直接指称一批文艺作品，而正是这种直接指称表明，这些作品是以"东北文艺复兴"话语为中介被读解的。

五中是沈阳大东区的两所省级重点中学之一，生源主要是该区的工人阶级子弟，张、王二位医生及其家庭的故事由此被转喻为以大东区为中心的工人阶级城市叙事。大东区肇起于清代盛京城的东部和北部城关，涵盖清末沈阳近代工业发源地和民国奉系军阀时期建设的两大工业区，是新中国工业化的基始空间之一，贾樟柯的电影《二十四城记》中援建成都420厂、将航空发动机制造工业从东北输送到西南的沈阳111厂正是位于这里。尽管大东区的形成是东北古代城市空间近代化和工业化的典型，尽管它所在的沈阳时常被"东北文艺复兴"论者作为老工业城市谈起，《张医生与王医生》明确突出"大东"的城市空间叙事仍然具有陌生化效果，因为景观化的"铁西—沈阳—东北"早已在"东北文艺复兴"话语中成为一种固定的空间叙事模式。

这一景观化模式首先是一种文学批评模式，最早被应用于对双雪涛的小说《平原上的摩西》的阅读。这篇小说并未提及"铁西区"——沈阳西部工业区的名字，却被批评家普遍读解为典型的铁西故事，依据是小说中发生罪案的地点叫作"艳粉街"，恰好与因为王兵的纪录片《铁西区》而广为人知的工人社区同名，只是小说中的艳粉街位于城市"东头"，和铁西区的方位正相反，并且也不是小说主要人物——两个工人阶级家庭生活的社区，与此同时，小说以大量铁西区之外的沈阳地标表述了主人公们的生活环境。[1] 由此来看，只有屏蔽显而易见的矛盾信息，对整体性的城市空间——小说中的和现实中的——视而不见，才能将从上下文中抽离出的景观符号放大凸显为空间本身。随着班宇、郑执继双雪涛之后享誉文坛，按照"铁西—沈阳—东北"的景观化模式，这三位"80后"沈阳小说家获得了两个可以互换的合称："铁西三剑客"和"新东北作家群"，二者共同构成"东北文艺复兴"在文学领域的关键词。其中，"铁西三剑客"被普遍承认的命名依据是，他们三人"都是出生在铁西的作家"[2]，以书写这个他们共同生长的地方为特色。但实际上，这个说法仅仅适用于班宇一人。双雪涛生长于和平区红旗广场附近，10岁到15岁因为拆迁在铁西区艳粉街暂住，其间一直在和平区读书。郑执生长于沈河区大西菜行附近，中学在和平区住校，他的成名作暨代表作小说《仙症》有着极其明晰的沈河—和平地理标志，全篇与铁西区无关。布尔迪厄（Pierre Bourdieu）在讨论"文化生产的场域"时曾指出，"在同时代或不同时代

---

[1]　参见本书第七章。

[2]　《文学辽军"铁西三剑客"研讨会在北京举行》，http://www.liaoningwriter. org.cn/news-show-637.html。

的哲学家之间流通的不仅是经典文本，而且是一整套哲学信条，这套信条附着于知识流言——作为口号在庆祝或论辩中起作用的流派名称、断章取义的引文——学术套话，以及或许格外重要的流派指南"[1]。就有关"铁西三剑客"的主流论述而言，将这段话中的"哲学"置换为"文学批评"是大体适宜的。[2]

不过，作为文学批评流通物的"铁西三剑客"并不是在

---

[1] Pierre Bourdieu, *The Field of Cultural Production*, New York: Columbia University Press, 1993, p.32.

[2] 这里所说的"文学批评"也包括作家在作品之外的自我陈述，当后续创作一时难以在既定文学通货符号体系外呈现新价值，其记忆和经验表述也可能发生顺应体系的改写。双雪涛在 2019 年春为《三联生活周刊》做的口述中说："我大概是 10 岁的时候，1993 年前后，从沈阳的一个繁华商业街的胡同搬到了艳粉街，市里最落魄的一个区域。……我虽然住在铁西区的艳粉街，但每天父母骑车送我去城里的和平区上学。艳粉街也有学校，叫艳粉小学，但是教学水平可以想见。"（双雪涛、孙若茜：《我的艳粉街是属于小说的》，《三联生活周刊》2019 年第 14 期）而在"铁西三剑客"成为一种文学通货符号后，他在谈及故乡经验时，已自觉不自觉地颠倒了和平区和铁西区在其成长经历中的先后位置，并将工人家庭经验限定为"铁西区"（定型化的"工业区"）景观："我记得我小时候，其实是认为……全世界父母都在厂子上班，回来之后都是工作服，都是身上有油渍，我感觉全世界是一模一样的。然后我上初中的时候，从铁西区到了另一个区，就是和平区，那个区教育水平好一点，我爸天天骑个自行车把我往那儿送，我才发现不是这样的，在那个区的很多孩子，父母不穿工作服，人家是搞文职工作的，做生意什么的。"（双雪涛在中国现代文学馆、腾讯新闻等联合出品的视频节目《文学馆之夜》["第一夜 创造我的故乡"，2023 年 2 月 5 日上线]中的谈话）

同时代的北方

自律性的文学批评界流通，而是先由地方文宣和主流媒体推广，之后出现专题研究论文。学术影响最大的媒体报道是由人民日报社辽宁分社记者采写的《他们，在同一文学时空相逢》，这篇 2019 年 10 月发表的报道通过类比东北作家群——中国现代文学史上的地方品牌，第一次正式确立了"铁西三剑客"与"新东北作家群"的等值关系："'铁西三剑客'的出现代表着新东北作家群的再次崛起。"[1] 同样是在 2019 年，以《野狼 disco》风靡全国的说唱歌手董宝石提出了"东北文艺复兴"的口号，不仅流行于网络娱乐媒体，而且迅速进入文学批评和研究领域，成为"新东北作家群"和"铁西三剑客"的领有词。是年 11 月，"东北文学与文化国际研讨会"在大连举行，会议发起人著名学者王德威发表主题报告《文学东北与中国现代性》，首倡"东北学"概念。尽管王德威在论及双雪涛、班宇等作家时，并未直接使用"东北文艺复兴""新东北作家群""铁西三剑客"等词语，但在文化媒体的报道中，"东北学"却不言自明地隶属于"东北文艺复兴"这一更高层级的标题[2]。"东北学"与"东北文艺复兴"共享的

---

[1] 辛阳、胡婧怡：《他们，在同一文学时空相逢》，《人民日报》2019 年 10 月 24 日。

[2] 董子琪：《谁在书写 21 世纪的第二个十年？》，"界面文化"公众号，2019 年 12 月 31 日。

话语特征在王德威的具体文学批评论文《艳粉街启示录》中可见一斑，该文将双雪涛的中短篇小说集《平原上的摩西》里的小说全体抽象为"艳粉街故事"，并为其深描地理"场景"——"中国东北沈阳市的老工业区铁西区"[1]，但事实上，在这部小说集的十篇小说中，只有两篇写到了"艳粉街"（都在和"铁西"方向相反的"东头"），只有一篇将其当作中心地点来写[2]。如列斐伏尔所说，每一种生产方式都生产出"自身的空间"[3]。当批评家以"艳粉街启示录"之名将文本和城市经验锁闭于作为"老工业区"景观的"铁西区"，实际上已经是在生产将自身学术生产景观化的空间。

　　而文本生产的空间自觉正是《张医生与王医生》展开叙事的前提：

---

[1]　王德威：《艳粉街启示录——双雪涛〈平原上的摩西〉》，《文艺争鸣》2019年第 7 期。

[2]　除了和小说集同名的《平原上的摩西》，另一篇写到"艳粉街"的小说是《走出格勒》，后者是整个小说集中唯一将"艳粉街"当作核心地点来写的小说，它这样表述"艳粉街"的方位："……再往东，就是荒地了，我曾经远远地看过，有火车道，有土丘，再往那边不知道有什么，看不见了。"（双雪涛：《走出格勒》，见《平原上的摩西》，第 193 页）

[3]　［法］亨利·列斐伏尔：《空间的生产》，刘怀玉等译，商务印书馆，2021年，第 48 页。

在万豪后面。

这家万豪在世纪交替那十几年里，一直是沈阳最豪华的酒店。从桃仙机场进入沈阳，经过了广阔的开发中的浑南区，还没到浑河大桥的时候，闪闪亮的金顶就已经招摇地在对岸路口翘首以待了。万豪对面是沈阳最早的高级住宅区，河畔花园。1991 年 3 月这家楼盘就在《沈阳日报》上打出广告……[1]

书中故事以凝聚 20 世纪沈阳——近代化、工业化和社会主义——历史的大东区为主要背景，但全书的开篇却是远离这一历史中形成的传统沈阳市区，从表征"世纪交替"的新地标着笔，文本里的空间和文本生产者置身其中的空间在此合而为一："在万豪后面"，两位作者第一次访谈主人公王平医生，《张医生与王医生》在典型的景观/消费社会空间开始了自身的生产。这一空间兴起于社会主义计划经济末期的城市边缘，随着市场化的进程而扩张，不仅最终瓦解和替代了传统工人阶级城市空间，而且使对后者的记忆也成为一种景观。消逝的空间和岁月只有变成具有展览价值的符号，才能

---

[1]　伊险峰、杨樱:《张医生与王医生》，第 11 页。

被关心"历史文化"的人看见，被孤立聚焦的"铁西区"和被忽视的大东区之间的反差，正是这种景观化逻辑的体现：

> 在沈阳的另一边，铁西工人村据说有个博物馆，里面锅碗被褥都被分别按照工人家庭、干部家庭的方式一一摆好，成了旅游景点。曾慕芝没听说博物馆这回事。[1]

《张医生与王医生》并未简单将城市工业地理叙事的重心由西侧调整到东侧（铁西区的重要性仍然得以彰显），而是借重大东区同时包含盛京老城关和近代工业区的历史地理特点，有效避免了孤立再现"老工业区"的景观化窠臼。《张医生与王医生》事实上讲述了两类工厂子弟的故事，两位主人公分别是大厂区子弟和非厂区子弟，成长环境有所差异却又密切交织。王平家住在父亲工作的黎明发动机制造公司——沈阳规模最大的工厂——职工家属区，即代号"二〇四"的相对封闭自足的世界："医院、学校、幼儿园、澡堂、副食品商店、运动场一应俱全，当然还有黎明广场的工人文化宫。"[2]

---

[1] 伊险峰、杨樱：《张医生与王医生》，第 432 页。
[2] 同上书，第 56 页。

与之形成对照，张晓刚家住大东区老城关，父母分别在变电所和印刷厂工作。但少年王平和张晓刚同学六年，构成书中"工人阶级子弟的成长"故事，显然已打破大厂生活区与周边地方隔离的表象，而王平母亲——二〇四主妇曾慕芝的工作更展现出单位与城市兴衰与共的有机织体。曾慕芝是大东电影院的售票员，她的工作空间是《张医生与王医生》着重叙述的工人阶级城市文化空间：

> ……中国院线体系收入大头是单位服务，有闲钱的单位每年都会有工会预算，如果想不出太好的去处，那就给大家包场看电影。这推动力无非是两个，一是工会协助宣传部门的宣传需要，二是这是最透明而且省钱的员工福利。……
>
> 单位不行了。……沈阳电影院的生意也就完了。[1]

因此，像老厂区的拆迁一样，老电影院的大规模拆除，老市街的摧毁性改造，同样是传统工人阶级城市消逝的表征。伴随着国企工人下岗潮和以工人家庭为主的老市民群体逐渐

---

[1] 伊险峰、杨樱：《张医生与王医生》，第 284 页。

迁出城市中心的地产开发过程，承载 20 世纪历史记忆的市街地标也在景观社会空间消灭时间深度的扩张中被不断夷平。在地方政府寻求土地迅速交换价值化的主导思路下，老市街被"听天由命"地交付给形形色色的开发势力：

> 所以，在沈阳你会看到最成熟的中街商业区，巴洛克风格的东风商店为了给嘉阳广场这个购物中心让路，拆掉了，嘉阳广场后来牵扯进黑社会的官司，转手给了香港地产商恒隆，现在被命名为"皇城恒隆"，生意堪忧……[1]

20 世纪 90 年代以来的所谓"创造性破坏"未尝为城市创造出发展的活力，却使其最直观地展现出景观 / 消费社会再生产"衰老"的逻辑：新的消费空间和符号很快在过剩危机中成为陈旧之物，等待新一轮除旧布新的投资。在迅速变旧和摧毁旧物已经常态化的语境里，最初的破坏场景转而成为体验自身的衰老的消费主义者们深切缅怀的对象。"东北文艺复

---

[1] 伊险峰、杨樱：《张医生与王医生》，第 68 页。中街位于沈河区清盛京故宫后身，清初按"前朝后市"格局兴建。东风商店建于 1928 年，原名泰和商店。一种说法是，1999 年建嘉阳广场时拆掉的老建筑并不是东风商店，2006 年建恒隆广场时将嘉阳广场和东风商店一起拆掉。

兴"话语的核心文本《野狼 disco》正是在这一想象性缅怀的秩序中生产和流通，90 年代消费文化的碎片再现于两种来回切换的说唱口音，"黑社会腔"[1] 东北话和港式粤语歌，既是今日怀旧秩序中两个衰落区域的声音标志，也是世纪之交传统工人阶级城市瓦解时刻的两种霸权腔调，景观 / 消费社会的霸权符号废墟淹没了真实历史纵深的废墟，在以遗忘为代价的记忆景观中，未老先衰的消费主体幻想着自己仿佛拥有过的青春。

关于景观 / 消费城市空间中的主体，《张医生与王医生》直接引述了英国地理学家尼尔·史密斯（Neil Smith）的"士绅化"批判，即揭示"打造宜居城市"的意识形态性："宜居"实际是排斥工人阶级的"中产阶级的宜居"[2]。值得玩味的是，"士绅化"批判的引述者同时是中产阶级文化的认同者，不仅将去工业化的中产阶级消费城市描述为普遍的发展趋势和规范，而且用审美来论证历史，断言"工业化本身就是丑的"[3]。叙述明显自相抵牾，叙述者却仿佛浑然不知，这与其

---

[1] 像港式粤语歌一样，"黑社会腔"东北话是一种流行文化产品，作为想象性的"社会大哥"腔调，它与东北方言本身的特征没有任何必然联系，而使这种联系显得"自然而然"，则是罗兰·巴特意义上的神话。

[2] 伊险峰、杨樱:《张医生与王医生》，第 66 页。

[3] 同上书，第 61 页。

说显现了作者观念的混杂矛盾，不如说是《张医生与王医生》作为一种"非虚构"作品的文体标志，考察这一文体，是探讨主体问题的必要途径。

"非虚构"：媒介、主体与代码

在《走向粗糙或非虚构？》一文中，李松睿从现实主义文艺史的角度，令人信服地论述了非虚构文学的风格特质：返乡日记、调查记录等被传统现实主义作家"仅仅看作是素材的东西"在今天可以直接成为文学艺术作品，非虚构文学因此体现了"通过粗糙抵达真实的艺术发展趋势"。[1]这种"素材作为艺术"的"粗糙美学"几乎可以直接用来描述《张医生与王医生》的文体风格，它不只是基于调研的报道和传记，更是由访谈实录、日常生活回忆、报刊旧闻、社科著作引文等"素材"文本交错编就的纪实艺术织体，其中最具当代史质感的文本肌理来自沈阳地方报纸的报摘，80年代《沈阳日报》的"读者来信"甚至与阿城的《闲话闲说》并置在一起，

---

[1] 李松睿：《走向粗糙或非虚构？——关于现实主义的思考之六》，《小说评论》2020年第6期。

共同构成世俗生活／艺术的档案。参照数码媒介彻底取代纸媒的写作情境，这种报摘艺术似乎十分契合麦克卢汉关于媒介环境变迁的论述："新环境能使此前的旧环境转变为一种艺术形式。文字刚发明时，柏拉图把先前的口头对话转变为一种人为的艺术形式。印刷术诞生时，中世纪变成一种人为的艺术形式。"[1]但另一方面，媒介环境并不等于生活环境，旧媒介的素材因此无法自动成为纪实艺术，很多时候，真实的质感来自对媒介的阅读：

> 有时我们需要从一些新闻背后去揣测发生了什么。这是一种技能，尤其在事隔多年之后，这样我们才有可能理清那个脉络——那个被抛弃的脉络。
>
> 比如在一次工人纷纷"盛赞"的双向选择中，黎明厂三万名全民固定职工甩掉"铁饭碗"，率先实行了合同制。工人盛赞的理由是让"企业有奔头，个人有盼头，工作有劲头"。（《沈阳日报》1993 年 12 月 15 日）[2]

《张医生与王医生》中有两种读报方式，即对 80 年代报

---

[1] 麦克卢汉：《理解媒介：论人的延伸》，第 12 页。
[2] 伊险峰、杨樱：《张医生与王医生》，第 205—206 页。

纸的体认阅读和对 90 年代报纸的征候阅读，两种阅读方式的差异表征着报纸和社群的关系的变化。80 年代的《沈阳日报》很大程度上是雷蒙德·威廉斯所阐述的"地方报纸"——"基于共同兴趣和共同认识，为一个熟悉的群体生产的报纸"[1]，因此报纸的直接摘引即是社群——具体在地的城市工人阶级——生活经验的呈现。而在 90 年代的市场化中，地方日报已疏离为官方文宣，只有深入表面文字的"背后"，才能触摸到社群的真实经验。城市传统工人阶级失去其媒介的过程是社群本身解体的过程的一部分，与此同时，一种新型媒介体系——威廉斯所说的与"地方报纸"形成对照的"为市场生产"的"全国性报纸"[2]——开始在南方市场化前沿兴起，它致力建构"中产阶级"的想象共同体[3]，而不属于任何具体在地的社群。90 年代之后，很多东北媒体从业者进入了这个新体系，《张医生与王医生》的第一作者伊险峰正是其中之一，

---

[1]　［英］雷蒙·威廉斯：《文化与社会：1780—1950》，高晓玲译，吉林出版集团，2011 年，第 326 页。

[2]　同上。

[3]　关于 90 年代文化对"中产阶级"的想象性建构，参见戴锦华：《隐形书写：90 年代中国文化研究》，第 11—15 页。《张医生与王医生》显然延续着这种话语建构，本章叙述中的"中产阶级"一词，皆是对该话语的引用和以此为前提的权宜称谓，至于当下中国是否有名副其实的阶层主体与之对应（作为建构和召唤的结果），或许需要另外著文讨论。

他的媒介阅读因此构成一种媒介自反的提示：读者可以用作者读报的方式来读这本书。

作为两位作者合著的作品，《张医生与王医生》为体认阅读设置的直接障碍（也是征候阅读的突出征候点）是单数第一人称叙述，伊险峰在书后的"说明及感谢"中坦承："我们曾经为各自的语言风格和行文中不可避免出现的第一人称'我'而颇费踌躇……"[1]但就实际完成的作品来看，最显著的叙事张力并不是来自两个作者的"我"，而是来自同一个叙述者"我"（呈现在作品中的讲故事的角色）的不同主体位置：

> 王平医生在这里开了半天会，把我们约在万豪后面的一家日式海鲜火锅店里。我和他有五个月没有见面，在五个月之前有三十年没有见面。五个月前，我们都参加了毕业三十年的同学聚会。[2]

在《张医生与王医生》的开篇处，叙述者"我"和主人公王平一同出场，同一段话里的两个"我们"是"我"的两个身份归属，一是沈阳五中——30 年前工人阶级社群中的学

---

[1]　伊险峰、杨樱：《张医生与王医生》，第 533—534 页。

[2]　同上书，第 12 页。

校——的毕业生，一是来自外部的媒体人—知识分子。这两种主体位置的歧异回溯性地投射在对"我们"往事的叙述中，时而认同——"更何况我们还是工人阶级的一部分"[1]，时而疏离——"我和 X 都不是纯粹的工人阶级子弟……本来也不大属于'我们'那个工人阶级圈子"[2]。在"我们工人阶级"的故事里，不带引号和带引号的"我们"分别是两种文本编码的代码标志，即内部叙事的经验代码和外部叙事的命题代码。

对于在市场化时代之前的沈阳生活过的读者，《张医生与王医生》大抵会有一种展卷扑面的熟悉感和亲切感，书中丰富的日常生活叙事让读者和主人公、叙述者共同经历过的岁月如在目前。而另一方面，所有经验性的叙事从一开始就被试图组织进后设的中产阶级命题：

> 我们跟张医生解释了我们想做的事。大意是，我们想写一本书，事关一代人的阶层跃迁，想找几个专业人士为主人公，想来想去觉得你挺合适。[3]

---

[1] 伊险峰、杨樱：《张医生与王医生》，第 115 页。
[2] 同上书，第 119 页。
[3] 同上书，第 12—13 页。

张医生和王医生生于 70 年代初，正如书中叙述的经验事实，在他们成长的年代，国营大厂本身就有自己的医院。直至 80 年代末（两位主人公入读大学的时间），国企的医疗卫生机构仍是医科院校学生毕业分配的主要去向之一，在 90 年代中期到 21 世纪初的市场化过程中，全国范围内 20 余万"与地方医务人员同行业、同属性、同责任、同考核标准"的国企医务人员"按企业工人身份办理了下岗、内退、病退、买断工龄等手续"，由此形成延宕 20 多年的"企退医"问题[1]。在这场变革之前，医生并不是疏离于传统工人阶级的"中产阶级"，而是有机地内在于前者的社群空间（厂区和城市），之后的社群分化也不是遵循单纯社会分工的逻辑发生，而是在使交换价值和符号价值向"专业精英"集中的同时，区隔出大量的"底层"劳动者。以分化的结果为逻辑起点，《张医生与王医生》将分化前的传统工人阶级家庭和个人的一切积极追求都按照"阶层跃迁"的命题重新编码，不仅勤奋学习、争取好工作被表述为改换"阶层"的努力，游泳、打篮球、弹吉他等普通文体爱好也成了工人阶级人家是否想要"中产阶级化"的问题——或则看作"对上层阶级人家娱乐和兴趣

---

[1]　李彬：《关于妥善处理"企退医"问题的建议》，http://www.cndca.org.cn/mjzy/lxzn/czyz/jyxc/1296742/index.html。

的致敬"，或则读解为"暗无天日的穷困当中"的"希望"[1]，甚至在想到这种"希望"之前，从呈现社群共同价值的方言俗语里也能读出"脱离"社群的"抱负"：

> 我在看待张晓翔、杨淑霞、李丽他们对"干净利整"的评价的时候，第一反应也是，干净利整有种"出淤泥而不染"的抱负在里面。甚至，因为他们所处的环境中这种高于常人的要求和自我要求，所以他们更容易培养一种自律精神，并最终脱离了他们所处的阶级和环境。[2]

在思考"干净利整"这一社群日常用语的含义时，叙述者仿佛只是外来的调研者，所有可调动的语言经验都来自特定的访谈对象，他自己成长过程中更为有机的语言交往经验完全付诸阙如。而对另一话题的探讨，则展现出叙述者的直接社群经验是如何被压抑或规训的：

> 一直有一个困扰我的有趣问题。在 2000 年，第五次人口普查数据显示，辽宁、黑龙江和吉林的城市化率依

---

[1]　伊险峰、杨樱：《张医生与王医生》，第 322 页。

[2]　同上书，第 321 页。

次为 54.24%、51.54% 和 49.68%，在省级行政区的排名中，仅次于上海、北京、天津三个直辖市和广东省。"如果按（中国）七大地区排名，东北的城市化率则领先于华北、华东、华中、华南、西北和西南。"（注：刘岩《历史·记忆·生产》；华中，一般指"中南大区"）这个有趣的问题就是，东北既然有这么高的城市化率，拥有发达的工业文明，或者说有着广泛市民基础的城市工人阶级，为什么工人文化和市民文化的影响力远远弱于农村文化的影响力？产生标签和符号意义的反倒是来自于农业文明的东西，比如赵本山，比如二人转，比如喊麦直播之类。哪里出了问题？[1]

这段论述看起来有些奇怪地引用了拙著《历史·记忆·生产》，引用的内容是拙著中的一个注脚，它所注释的正文恰好是对《张医生与王医生》中这位叙述者感到"困扰"的那个"有趣问题"的直接讨论[2]。指出这一点，是为了揭示共同经验，而非暗示这位叙述者袭用了拙著的问题意识，因为这

---

[1] 伊险峰、杨樱：《张医生与王医生》，第 255 页。

[2] 参见拙著《历史·记忆·生产——东北老工业基地文化研究》，第 121—122 页。

种问题意识与其说是个体著作人的思想原创，不如说是"生于70年代前后"（《张医生与王医生》关注的代际）的东北老工业基地子弟的一种普遍经验的表达：我们作为成年人走出东北的时刻，既是老工业基地衰落的时刻，也是"赵本山们"在中国大众文化中作为东北形象代言人崛起的时刻，这时我们记忆犹新——在我们成长的天地里，没人把那种代言的符号当成过"我们"。值得关注的是，叙述者在感知到这种经验和符号的矛盾之后提出的问题："哪里出了问题？"这个"哪里"的最终指向，不是用"都市外乡人"符号表述东北人的悖谬的再现体系，而是被悖谬表述的社群本身，叙述者从大众文化的"标签和符号"出发，走向具有相似符号的社会学文本，在文本中发现了社群历史的"本质"："工人群体组成的社会"是"一种典型的都市里的村庄，带有浓厚的乡土气息"。[1]

用"标签和符号"替代社群历史经验，正是"东北文艺复兴"话语的一般特征。在首倡"东北学"的《文学东北与中国现代性》一文中，王德威试图以雷蒙德·威廉斯的概念"感觉结构"（structure of feelings，又译"情感结构"）来指称

---

[1] 伊险峰、杨樱：《张医生与王医生》，第255页。

"东北"：

> "东北学"里的东北从地缘坐标的指认开始，却必须
> 诉诸"感觉结构"的描绘与解析。召唤"东北"也同时
> 召唤了希望与忧惧，赞叹与创伤。从松花江到北大荒，
> 从杨子荣到赵本山，从溥仪到雷锋，从《生死场》到
> 《铁西区》，东北不只是地理区域的代名词，而有了群体
> 文化的象征性，也引导我们省思其中的政治和伦理、心
> 理动机。[1]

"感觉结构"固然是描述具体社群（地方、阶级、世代）
经验的有效概念，但在风马不接的符号间穿凿（"从杨子荣到
赵本山，从溥仪到雷锋，从《生死场》到《铁西区》"），却凿
空了这个概念——没有勾勒出任何真实的"群体文化"，而是
用"东北"这根空洞能指的捆绳，把不同脉络的文本和话题
拉扯到了一起。《张医生与王医生》中的叙述者也常运用这种
穿凿—拉扯的文法：

---

[1] 王德威：《文学东北与中国现代性——"东北学"研究刍议》，《小说评论》
2021 年第 1 期。

……一个抚顺青年，偷了双卡录音机一台，录音带十八盒，从抚顺逃到沈阳，四个小时后落网，本来他准备乘火车前往大连。即便当年大家警惕性并不高，但一个拎着双卡录音机的旅行者难免要被抓个现行。

替《教父》辩护的人，会说这并不是写一个犯罪黑帮，而是写一个男人的成长；为《黑道家族》辩护的人，会说这是一个一直在追寻自己人生意义的男人的故事。波希米亚的青春期男生，工人阶级的年轻人要个性化……[1]

但不同于"东北学"或"东北文艺复兴"话语的学术文本，在作为非虚构文学文本的《张医生与王医生》中，叙述者本身是一个被表现的角色：一方面，他的东拉西扯不时与大众文化脱口秀中的"东北讲述人"如出一辙，另一方面，他又在跨场域讨论社科学术命题，前者对后者显然构成了解构或反讽。由此可以发现，除了经验代码和命题代码，《张医生与王医生》的文本编码还有第三重代码——自反代码。

这三重代码共同编码了《张医生与王医生》的"粗糙

---

[1] 伊险峰、杨樱：《张医生与王医生》，第186页。

美学"。经验代码的"粗糙美学"即前述"素材直接成为艺术"。在命题层面，叙述者不断突出东北／工人阶级文化的"粗糙""粗粝""粗犷""粗颗粒""粗线条"，以此表述这一社群的"人文（阅读／精神／素质）的缺失"，而在此过程中，尤其是在编码的关键环节，命题代码自身的"粗糙"被反讽性地表现出来。在定义"人文"这一核心概念时，叙述者引用了艾伦·布鲁姆（Allan Bloom）《美国精神的封闭》（*The Closing of the American Mind*）的著名开篇——讥讽美国大学自由派将相对主义（"不要认为自己完全正确"）当作"唯一美德"[1]——但把意思完全弄拧了，以致反讽意义上的"美德"成了美德本身：

> 如果我们为人文定义，或者说为一种素质定义，布鲁姆说的"不认为自己完全正确"是一种能力。[2]

《张医生与王医生》通过表现一个无法读出反讽的叙述者，生产出一种自反的"粗糙美学"——用凸显"粗糙"（作

---

[1] ［美］艾伦·布鲁姆：《美国精神的封闭》，战旭英译，冯克利校，译林出版社，2011年，第1—2页。

[2] 伊险峰、杨樱：《张医生与王医生》，第488页。

为"人文"的他者）叙事破绽的"粗糙"鼓励读者拆解旧命题，生产新叙事，从而使自身成为罗兰·巴特（Roland Barthes）所说的"可写性文本"。最早使这种"可写性"实证化的，是作品腰封上的书写，出版者为书籍加装腰封，相当于对书的第一次生产性阅读。《张医生与王医生》一书的腰封上写了六位推荐人，其中两位直接构成了"东北／工人阶级人文缺失"的反叙事，即两位来自沈阳工人家庭的小说家——班宇和双雪涛，在他们的小说里，进行"人文阅读"的工人和工人子弟形象俯拾即是。还有一位推荐人是北京大学历史系教授罗新，当他为这本书写下"既切肤又旁观的历史感"的推荐语时，或许已经想到，自己的第一个研究生、原中国国家博物馆副研究员、知名策展人王抒同样来自沈阳，他是张医生与王医生的同龄人，像张医生一样有一位爱读书的工人父亲（在书中不被张医生兄妹认同），在父亲熏陶下从小爱上了文史。王抒在沈阳一中——大东区的另一所省重点——做了八年语文老师后，考入北京大学魏晋南北朝史专业读研究生，很大程度上是受了老乡阎步克教授的感召——他在1978年从沈阳鼓风机厂考入北大历史系。

从《张医生与王医生》写到王抒老师，并非笔者的自由联想，而是尝试直接回答该书作者提出的问题，伊险峰在

《"两个医生"之外》（作者对自己作品的读解）一文中，把讲述王抒的故事当作文本生产的另一种可能性，即探寻一个人文知识分子的社群养成：

> 虽然所有信息都是来自于他人——我们至今并不认识——但在想象当中，他工作七八年之后选择重新做学生，也就是大约在千禧年前后，他的家庭对他产生什么样的影响，他如何看待学校里的工作，如何看待沈阳，是否考虑家庭意见，他的原生家庭有什么特征……[1]

书籍腰封和作者读解都是作品的增补文本，这种增补使原文本的自反代码更为清晰地显现为新故事的积极生产条件，如罗兰·巴特所说，"文学作品的目的（文学作为作品的目的）是使读者不再是消费者，而是成为文本的生产者。"[2] 对《张医生与王医生》更为深入的探讨无疑应在这一前提下展开。

---

[1] 伊险峰：《"两个医生"之外》，《中国现代文学研究丛刊》2022 年第 5 期。

[2] Roland Barthes, *S/Z*, New York: Hill and Wang, 1974, p.4.

多义的"社会"与社会想象中的父亲母亲

在《张医生与王医生》三重代码的文本中，有一个常用词（同时属于日常生活词汇和常用学术词汇）被编码得扑朔迷离，各种意指错综纠结，对它的解码，不啻是解读一部非虚构文学作品的最重要的主题词，同时也是厘清我们自身的社会感知和想象。这个词就是"社会"。

在作品经验叙事的层面，"社会"首先是个体在家庭之外的创伤体验的代码。从张晓刚童年打酱油被冤枉没给钱，王平初中莫名失去保送资格，到张医生与王医生作为"中产阶级专业人士"的种种烦恼，叙述者将主人公成长过程中与各种"社会"环境大大小小的磕碰讲得鲜活而生动。与此同时，他为这些不同性质的创伤体验的主体赋予了一种固定不变的身份——一个文化研究命题的代码，即"奖学金男孩"。这是英国文化研究奠基人理查德·霍加特（Richard Hoggart）在其名著《识字的用途》（*The Uses of Literacy*）中提出的概念，以此来描述英国教育福利制度草创阶段少数工人阶级优等生的认同焦虑，他们依靠奖学金进入以贵族和资产阶级子弟为主要生源的文法学校和大学，逐渐脱离自己的阶级，但同时又无法融入新的环境，在漫长而充满不确定性的攀爬过程中，有一种"再也不属于任何群体的感觉","如果他要'继续下去',他就不得不变得越来越孤独"[1]。《张医生与王医生》用"奖学金男孩"概念讲述生于 20 世纪 70 年代初中国东北的主人公"进入社会"的故事,理由是"30 年代的英国与八九十年代的沈阳有很多相似之处"[2]。这里的命题陈述使用了一个自反代码:沈阳的 80 年代与 90 年代已经难以同日而语,遑论30 年代的英国。

事实上,不仅理查德·霍加特将《识字的用途》的描述范围明确界定为与自己成长经验密切相关的英格兰北方城市[3],文化研究的另一位奠基人、出身威尔士工人阶级家庭的雷蒙德·威廉斯更是直接指出了英国内部的区域差异:"霍加特谈到自己童年的感受,人们说他'聪明',带有某种奇怪的含义。我的经验则完全不同。聪明,赢得奖学金或者写书,这些都没有什么错。……与英格兰相比,威尔士历史上出身贫穷家庭的知识分子数量要多很多,因而这种社会身份的变动

---

[1] ［英］理查德·霍加特:《识字的用途》,阎嘉译,商务印书馆,2020 年,第 348—350 页。

[2] 伊险峰、杨樱:《张医生与王医生》,第 144 页。

[3] 理查德·霍加特:《识字的用途》,第 51 页。

并不被视为是奇怪的或异常的。"[1] 威廉斯认为不存在可以抽象移植的"个人与社会"关系:"真实的社会必然会根据构成它们的个体组织类型而有所变化。"[2] 显而易见的是,80年代的沈阳与30年代英格兰的差异并不比30年代的威尔士更小,工人子弟考入沈阳五中这样的重点高中不仅不奇怪,甚至没有"社会身份的变动",因为他遇到的是同样学习好的工人家庭出身的同学,学校有机地内在于社群,不存在"上层阶级"为"底层"幸运儿而设的奖学金制度,"奖学金男孩"自然也无从谈起。

《张医生与王医生》表述"奖学金男孩"命题的另一个自反代码本身是一个命题代码,即"单位制的熟人社会"。工人家庭出身的主人公在世纪之交完成学业之后,进入的竟是和父辈一样的"社会":

在王平和张晓刚进入社会的90年代后期和新世纪里,"单位办社会"已经进入到改革范畴,不再是受鼓励的行为。但它还在沈阳这种单位制重镇里继续发挥作用。人

---

[1] [英]雷蒙德·威廉斯:《政治与文学》,樊柯、王卫芬译,河南大学出版社,2010年,第10页。

[2] 雷蒙德·威廉斯:《漫长的革命》,第102页。

的单位所有制、人被束缚在单位之中，这种从王宝臣时代就存在的现象仍然清晰可辨。……

　　……现代文明的最大特征是陌生人社会的形成，而单位制度的活跃反其道而行之，它力图维护的是一个熟人社会。[1]

　　叙述者似乎完全忘了，在他最初发给张医生和王医生的访谈纲要里，一个重要的命题是"传统人际和社会关系的瓦解与再造"[2]，如果单位制的熟人社会从王宝臣（王医生的父亲，1942 年出生）工作的时代到新世纪一直"活跃"，那么何谈"瓦解与再造"？自反的命题叙事鼓励读者进一步思考：在市场化过程中被"瓦解"的社会关系是什么？被"再造"的又是什么？

　　以沈阳为主要田野调查对象的青年学者谢雯从历史社会学的角度考察了东北单位制社会的变迁，她发现，90 年代后期的市场化在瓦解原有的国企单位体系的同时，造就了一个两极化的就业结构，一端是低技术含量的非正式工作，另一端是权力扩张的政府事业部门和少数超大型国企，在这一两

[1]　伊险峰、杨樱：《张医生与王医生》，第 381 页。

[2]　同上书，第 21 页。

极化结构中，"熟人关系"的作用不是减小了，而是极大增强了。对于这一现象，谢雯的理论概括是："市场化改革没能使东北社会从曾经的单位制社会转变为以市场契约精神为主导的市场社会，反而转变成了熟人网络社会。"[1] 而早在这一转变的起始阶段，汪晖就借重卡尔·波兰尼（Karl Polanyi）、布罗代尔和沃勒斯坦（Immanuel Wallerstein）等人的理论，对"市场"和"市场社会"进行了明确区分："如果说市场是透明的、按照价值规律运行的交换场所，那么，市场社会则要求用市场的法则支配政治、文化和我们的一切生活领域，市场社会的运作是和垄断的上层结构无法分离的。"[2] 从这个意义上说，寻租盛行的所谓"熟人社会"正是市场社会内在法则的显现。换言之，市场社会和市场本身的状况（规模与活力）没有必然联系，而是交换价值的逻辑从有边界的商品交换场所向社会生活各领域扩张的结果，被这一逻辑支配的领域越多，"熟人社会"的特征越明显。

在《张医生与王医生》的经验事实叙述中，两位医生在新世纪加入的"社会"已经远远超出了单位：王医生通

---

[1] 谢雯：《历史社会学视角下的东北工业单位制社会的变迁》，《开放时代》2019 年第 6 期。

[2] 汪晖：《当代中国的思想状况与现代性问题》，《文艺争鸣》1998 年第 6 期。

过"好大夫"网站接活儿赚钱，筹谋可以交换资源的人脉；张医生把"有钱人也愿意有医生做朋友"和"不能独自进晚餐"变成了格言。与两位"中产阶级专业人士"努力让自己越来越"社会"形成鲜明对照，他们的工人父亲从不曾做过这种努力，而是"一劳本神"地在单位工作，同时脱离"熟人社会"：

> "我爸事业心强，有点傻。社会交往不行，是个缺陷。没办法融入这个社会。好比逢年过节，把东西准备好，该送谁送谁。到我这个年龄，得想这个事。"[1]

王医生这样比较自己和父亲——黎明厂劳模王宝臣。而张医生的父亲电工张岐则是昼夜三班倒，一有空闲就读书，被全家人看作"跟社会脱节"的书呆子。叙述者称这两位老工人是"失败的父亲"，并把他们象征化地描述为沈阳"城市转型失败的一部分"——"一系列失败的工厂、失败的转型、失败的改革、失败的老工业基地"[2]，这无疑是根据90年代市场化的结果所做的否定判断。但问题在于，在所谓"社会转

---

[1] 伊险峰、杨樱：《张医生与王医生》，第225页。

[2] 同上书，第254页。

型"之前，工人父亲如何可以做到"不社会"。相对于他们的儿子——后来的"中产阶级专业人士"，他们既是更纯粹的单位人，也是更彻底的非"社会人"（《张医生与王医生》中的方言术语，即东北方言中指称"熟人社会"主体的专有名词，尾音平舌儿化），由此来看，单位制非但和"熟人社会"没有任何必然关联，而且为个体摆脱"熟人社会"及其主体焦虑提供了条件，那么，提供这种条件的社会究竟应当如何阐述？叙述者对此以反讽的笔触一笔带过：

> 那时候，中国城市实行的是如今自由派们梦寐以求的"小政府，大社会"，只是社会掌握在单位手里。[1]

作为"可写性文本"中的功能角色，叙述者仍表现为不善于读解反讽，即仿佛没有意识到，自己写的是一个自反的反讽——严肃的命题叙事。这里所说的"大社会"，本义是指自由主义想象中以理想型市场经济和私人所有制为基础的市民社会（civil society），而以公有制单位替换市场主体的市民社会，对于这种想象来说是怪诞的，因而具有反讽意味。然

---

[1] 伊险峰、杨樱：《张医生与王医生》，第 237 页。

而在这种自由派视野之外，确立共同所有前提下的个人所有，扬弃被现实的市场社会异化的市民社会，正是马克思主义脉络的市民社会理论的题中之义。如日本马克思主义"市民社会派"的代表人物平田清明指出，"社会主义社会中的市民权利"体现在共同生产劳动的过程中："用以衡量劳动的劳动时间标准，是在个体劳动者的劳动过程中，直接地、具体地对劳动者的个体劳动进行度量，而非在劳动过程之后，由货币从外部对个体劳动者的劳动成果即产品的抽象的商品价值进行度量。"[1]结合《张医生与王医生》中的方言术语来说，在80年代改革初期的沈阳，对于单位制生产关系中的个体劳动者而言，"一劳本神"地在单位岗位上工作，就能直接实现自己劳动的价值（足以让自己和未成年家庭成员得到一般社会水平的再生产的价值），而无须像"社会人"一样去经营"关系"——使日常生活和交往整体卷入交换价值逻辑支配的关系网络。市场社会是使人异化疏离的熟人社会，单位制的市民社会则是保障劳动者的独立和余暇的有机社会。

因此，尽管两位工人父亲工作的时代没有实行双休日，尽管王宝臣是劳动模范，张岐昼夜三班倒，和世纪之交进入

---

[1] ［日］平田清明：《市民社会与社会主义》，丁瑞媛译，见张一兵主编《社会批判理论纪事（第9辑）》，南京大学出版社，2016年，第84页。

"社会"的子一代相比，他们仍显"闲散"，前者晚饭后常在路灯下打扑克，后者总是在读"闲书"。在子女们的访谈和回忆中，父亲的这种"闲散"被视为对家庭不负责任（不干"有用"的事），与之形成鲜明对照的是，母亲成了为全家人的生存和发展而在"社会"中筹策打拼的形象。《张医生与王医生》一方面循着访谈对象的回忆视角建构了关于"父亲的角色"和"母亲的社会"的命题叙事，另一方面又以自反代码表明这种回忆的不可靠性。如张家人都记得，张晓刚的母亲杨淑霞无法忍受丈夫张岐倒班休息在家看"闲书"，遂命其走街串巷收劳保手套卖钱，但究竟是什么年代家里需要做电工的父亲上街吆喝"手套换钱"，全家人的记忆却出现了巨大的分岔——从 70 年代末、80 年代中期一直岔到 90 年代初，叙述者的措辞也在"挣外快"和"贴补家用"间游移。唯一可以确定的是，90 年代前期，"杨淑霞和张岐的职业生涯双双陷入困顿，杨淑霞只有很难定期发放的每月五十块的不知道什么名目发的钱，张岐略好，每月一百二十元。"[1] 杨淑霞在单位濒临倒闭之际，开始在一家私人印刷厂打工，直到这时，"母亲的社会"才毫无疑义地成为家庭的刚需。

---

[1] 伊险峰、杨樱：《张医生与王医生》，第 297 页。

同时代的北方

张晓刚和王平分别在 1994 年和 1995 年——家庭已然或即将陷入困境的年代——入职沈阳最好的医院，十分突出地体现了生于 70 年代初的工人阶级子弟大学生的幸运。但《张医生与王医生》关于主人公家庭在 90 年代的短暂困境的书写，仍然与双雪涛、班宇、郑执等"80 后"工人子弟的小说形成了互文关系，叙述者根据"东北文艺复兴"话语将这些作家的作品称为"东北伤痕文学"，而他实际所讲的故事却恰好解构了关于东北/传统工人阶级的主流"伤痕"建构。确切地说，这一主流建构是以"工人下岗"为伤痕景观（"铁西区"或废墟景观是其空间对应物）的"父亲"叙事："工人"不是指涉以特定生产关系为基础的社会关系的父亲之名，而只是男性叙述主体的父辈创伤性的身份符号，在"东北文艺复兴"话语中，这个"上一代男人"的符号是可置换的——《盘锦豹子》中的父亲/小姑父可置换为《野狼 disco》中的大姨父/老舅，后者又可置换为《马大帅》中的马大帅/范德彪。以这种叙事模式读解"80 后"东北工人子弟作家的小说，文本中一切具体的社会空间和社会关系及其在市场化过程中的变迁，最终都被时代和群体标签下遭遇中年危机的男性形象替代，以至于有研究者体认到，按照这个逻辑读下来，双雪涛、班宇、郑执的小说已经和东北工人家庭的真实经验没有任何必然联系，只剩下一个似乎放之四海而皆准的"父亲"认同装置：

> ……最终每个儿子总是多多少少会长成父亲的样子。……其实不仅仅是儿子，女性在步入社会之后似乎也难免对父亲多些同情。那可能并不仅仅因为子女在此时本就趋于成熟，还因为客观而言，在长久的文化传统中，父亲的形象的确更偏于社会性，因此当一个人开始感受到世事艰辛的时候，便比较容易将心比心，理解"父亲"。[1]

而《张医生与王医生》与"80后"东北工人子弟作家小说的互文性，不仅瓦解了抽象的认同装置，凸显出东北作为社会主义现代性前沿的历史对所谓"长久的文化传统"的深刻改写，更展现出父亲和母亲作为具体社会性角色的历史变迁。一方面，张医生与王医生的母亲照亮了双雪涛和班宇最好的小说里容易被忽视的角色：在《平原上的摩西》和《逍遥游》中，女主人公的母亲——李斐的母亲和许玲玲的母亲——都是被悼亡的家庭内外职能的承担者，正是母亲在剧

---

[1] 丛治辰：《父亲：作为一种文学装置——理解双雪涛、班宇、郑执的一种角度》，《扬子江文学评论》2020年第4期。

变来临之前或之后离世，使父亲或主动或被动地独自成为沉重的家庭命运的负荷者。另一方面，"80后"工人子弟作家的小说也是理解《张医生与王医生》的父母故事的前文本：如果说，对于单位制有机社会中的家庭，传统意义上的父亲功能是由作为双职工的夫妻双方共同分担的[1]，那么，随着单位制的解体，在市场社会中维系原子化的核心家庭，无论对于父亲还是母亲，都是全新的天职，谁能真正承担起这个新天职，不同的家庭无法一概而论。

除了父母角色的互文关系，尤其值得关注的是，伊险峰、杨樱合著的非虚构作品与双雪涛、班宇、郑执的小说共同呈

---

[1] 《张医生与王医生》中有一个以"姥姥"为多重代码的家庭叙事："张晓刚和王平一代"都不是在真正的核心家庭长大的，因为有好几年是在姥姥家成长的，比如"王平出生在姥姥家，上学前是在姥姥家长大的，持续有五年左右时间。张晓翔6岁才回到家里，即便以虚岁来算，也在姥姥家里生活了五年。"（第323页）此间的自反在于，命题叙事中的张晓刚在经验叙事里突兀地变成了张晓翔，张晓刚和妹妹张慧娟分别比大哥张晓翔小2岁和4岁，大哥在姥姥家长到6岁时，他们俩在哪里？事实上，在多子女的大家庭，成为祖父母辈的父亲母亲只能有选择地抚育第三代中的少数，而不可能为所有成家的子女普遍性地提供支持，因此，孩子的抚养主要还是由双职工的核心家庭承担。《张医生与王医生》的"孩子由姥姥带大"的普遍性叙事显然是以后来被计划生育政策改变的家庭结构反推"70后"成长年代的家庭状况。另一方面，《张医生与王医生》在叙述王平妻子李丽的成长时写道："最初那段时间，因为姥姥姥爷还没有退休，白天她会被送到奶奶家，晚上由姥姥姥爷接回来。"（第323页）由此可以发现，即使双职工核心家庭的再生产受助于大家庭，大家庭本身的再生产也是在单位制生产关系下进行的。

现的"闲书"阅读者谱系：有在值夜班时读书的电工（《张医生与王医生》），有在吊车上读书的操作员（《空中道路》），有在房顶自己读书的父亲（《飞行家》），有在炕上给邻居家孩子讲《出埃及记》的母亲（《平原上的摩西》），有在大街上给亲戚孩子讲《海底两万里》的大姑父（《仙症》）。凡此种种，包含丰富的有关生产关系和社会关系的信息，既是传统工人阶级的历史经验和文化记忆，也是当下语境中对别样生活方式的想象，因此蕴含未来的维度。《张医生与王医生》不仅是书写"闲书"阅读者的文本，而且是一本关于阅读本身的书，它反身揭示出，关于这种阅读者的经验和记忆为何常常被排斥：

> ……张慧娟已经过了对婚姻最失望的阶段。
>
> 她想起自己的父亲，形容父亲和自己的丈夫一样，都是婚姻中的既得利益者。……回到母女关系里的时候，杨淑霞还是说女儿像父亲……
>
> 但是大哥张晓翔在那一年去加拿大探望过妹妹之后，得出一个结论："她性格跟我母亲特别像，属于那种特别有领导力的，一般人都看不上。"[1]

---

[1]　伊险峰、杨樱：《张医生与王医生》，第 473 页。

全球市场社会的发达北方，在《张医生与王医生》中被表述为中国东北视野里的"南方"（包括上海、香港等都市的东南发达地区）延长线。在市场化过程中，"南方"逐渐成为东北人的边疆神话，不仅是空间方位，而且是时间前沿，寄托着辽远的自我实现的希望。张晓刚的妹妹张慧娟一直梦想远离家乡和母亲的控制，但当她真正抵达"边疆"时，却越来越认同作为一家之主的母亲，同时排斥"闲散"的父亲，认同和排斥都无关性别，而是事关在市场社会中维持一个核心家庭的再生产。边疆神话的不懈追求者最终触摸到的是市场社会的局促疆界，从这个意义上说，东北早已是"南方"的一部分，因而在《野狼 disco》的怀旧景观里，东北和香港成了一回事。由此可以发现，"东北文艺复兴"的表述和消费主体是习性（habitus）意义上的"南方"中年人。在这种市场社会塑造的习性里，关于"不社会"的历史记忆被深深潜抑，中年心态的"社会人"被由衷体认。只有尝试卸去这浸透疲乏的习性装具，东北 / 工人阶级子弟的成长经验和父亲母亲的人生经历，才可能作为活着的历史厚植我们朝向未来的记忆。

后　记

　　我们称之为开始的经常是结束，

　　制造一次结束就是制造一次开始。

　　结束是我们启程的地方。……

　　…………

　　我们和正在死的一起死亡：

　　看，他们离去，我们随着去。

　　我们和死者一起诞生：

　　看，他们回来，带着我们来。

——T. S. 艾略特：《四个四重奏》

　　《同时代的北方》是我第二本当代东北文化研究著作，前一本是七年前出版的《历史·记忆·生产》。真实的探研和思索如同水脉繁杂、支流断续交错的河网，而不是环环扣接的机械运动链条。尽管如此，前作的终点（《历史·记忆·生产》一书的"结语"）及其修复，仍不妨看作本书的一个起点，即第五章第一节的写作（2011—2016 年）。在章节编排上，该节恰好位于目录的中间，或许可以标识本书在上下两个方向——宏观脉络和微观地理——推进前作研究的尝试。

尝试的动力，前作的后记已做详述。浏览"豆瓣读书"《历史·记忆·生产》条目下的短评，发现不少读者看到了书的缺点，却因为"后记"给我加了星。这让我很惭愧：阐述作为所谓研究动力的作者情感经验，仿佛是遮掩著作本身的不足、缝合读者认同的策略，越是努力"修辞立其诚"，越有掩饰正文的效果。因此，尽管本书产生的实际过程在目前的记叙里可能言不及义，我还是希望这篇后记尽可能简单。

除作为脐带的第五章第一节，其他所有章节构成了本书的全新机体。这些章节中绝大部分的初稿在 2013 年、2016年、2018 年、2019 年、2022 年以及今年初断断续续以论文形式在学术期（集）刊上发表。衷心向曾发表拙文的媒介和所有给我的不成熟探究以指正、帮助和鼓励的师友们致谢。

感谢世纪文景，尤其是本书的编辑李頔老师，愿《同时代的北方》不负期望。

2023 年夏

文
景

社 科 新 知　文 艺 新 潮

Horizon

同时代的北方：
东北老工业基地的历史经验与当代文化生产研究
刘　岩　著

出 品 人：姚映然
策划编辑：李　頔
责任编辑：李　頔
营销编辑：胡珍珍
封扉设计：唐　旭
美术编辑：安克晨

出　　　品：北京世纪文景文化传播有限责任公司
　　　　　　（北京朝阳区东土城路8号林达大厦A座4A　100013）
出版发行：上海人民出版社
印　　　刷：山东临沂新华印刷物流集团有限责任公司
制　　　版：北京楠竹文化发展有限公司

开　本：890mm×1240mm　1 / 32
印　张：9.5　　字　数：143,000　　插页：2
2024年4月第1版　　2024年11月第2次印刷
定　价：65.00元
ISBN：978-7-208-18693-4 / C・707

图书在版编目（CIP）数据

同时代的北方：东北老工业基地的历史经验与当代
文化生产研究 /刘岩著. —上海：上海人民出版社，
2024
　　ISBN 978-7-208-18693-4

　　Ⅰ.① 同… Ⅱ.① 刘… Ⅲ.① 老工业基地-区域文化
-文化产业-研究-东北地区　Ⅳ.① G127.3

中国国家版本馆CIP数据核字（2024）第000743号

本书如有印装错误，请致电本社更换　010-52187586